Tesina: Administración y Dirección de Empresas

Curso 2015/2016

Análisis económico-financiero del sector editorial español

Autora: Montserrat González

Tutor: José Mora
Institución: Universidad de Salou

Salou, a 5 de septiembre de 2016

Editorial Planea

Printed in European Union
© Montserrat González de la Rubia, Salou - Tarragona - España, 2016
ISBN: 9781093611496

www.planetadelibros.com

Índice

Índice de tablas

Índice de gráficos

1. Resumen

El presente trabajo ha tratado de evaluar cómo ha afectado la crisis económica y la aparición de las nuevas tecnologías y los contenidos gratuitos online a las empresas del sector editorial español en el periodo 2008-2014.

Para ello, se han detectado previamente las principales características y tendencias de este sector tanto a nivel global como en España para conocer su situación actual. Posteriormente, se ha realizado un análisis económico-financiero centrado en las áreas de rentabilidad, liquidez y riesgo, diferenciando las empresas en tres tamaños en función de su número de trabajadores.

De este estudio se ha concluido que a pesar de que todas las empresas de este sector han visto reducido su activo total y sus recursos generados a causa de la crisis, las pequeñas y medianas han sido solventes, rentables y con cierta autonomía financiera y capacidad de expansión a corto plazo. Sin embargo, las empresas de mayor tamaño por lo general han presentado más dificultades para salir adelante.

Palabras claves: *sector editorial español, crisis económica, análisis económico-financiero, rentabilidad, liquidez, riesgo.*

2. Introducción

En el presente trabajo se lleva a cabo el análisis de la situación económico financiera del sector de la edición de libros, periódicos y otras actividades editoriales. El periodo elegido consta de ocho años, desde 2008 hasta 2014.

Las razones principales por las que ha tenido lugar la elección de este sector han sido:

> ➤ El interés por conocer si a pesar de que actualmente muchos de los contenidos se pueden encontrar online y de manera gratuita, las empresas editoriales han sabido adaptarse al desarrollo de las tecnologías de la información y comunicación (TICs) y están consiguiendo mantenerse a flote.

> ➤ Diagnosticar el posible efecto que ha tenido la actual crisis económica en el sector, ya que los productos y servicios que ofrecen no son estrictamente bienes básicos.

En cuanto a la estructura del trabajo, éste se encuentra dividido en dos secciones principalmente.

En el primer apartado, se explica en rasgos generales las características y tendencias del sector editorial hoy en día. También se comentan algunas particularidades más concretas del sector en el caso de España.

La segunda parte es el cuerpo principal del informe. En él, se efectúa un análisis de las principales variables económico-financieras del sector de edición de libros, periódicos y otras actividades editoriales en España, utilizando sus datos agregados y en función del tamaño de las empresas. Para ello, se realiza un análisis tanto de la composición de las partidas más importantes del balance y de la cuenta de pérdidas y ganancias, como de su evolución. Además, se realiza el cálculo e interpretación de varios ratios relacionados con la rentabilidad, liquidez y riesgo.

Finalmente, se presentan a modo de resumen unas conclusiones sintéticas y comparativas por tamaño de cada una de las tres áreas, en base a los resultados obtenidos durante el estudio.

3. Objetivos

El propósito general del trabajo consiste en el análisis económico y financiero del sector de la edición de libros, periódicos y otras actividades editoriales de las muestras seleccionadas en base a unos criterios establecidos, en el periodo 2008-2014. Concretamente, los objetivos que se pretenden alcanzar son:

- ➢ Conocer algunos rasgos del sector para de esta manera tener cierto conocimiento sobre el entorno que le rodea.
- ➢ Obtener las principales características de las empresas dedicadas al sector editorial, desde la perspectiva de su rentabilidad, liquidez y riesgo.
- ➢ Diagnosticar la situación de las empresas del sector desde el comienzo de la crisis económica, con el fin de analizar la evolución en sus cuentas.
- ➢ Comparar los aspectos económico-financieros más significativos en función del tamaño de las empresas de este sector.
- ➢ Extraer una serie de conclusiones generales a partir de los datos hallados anteriormente.

4. Metodología

Primeramente, para la obtención de la información económica y financiera necesaria, los datos han sido extraídos de la base de datos SABI (Sistema de Análisis de Balances Ibéricos). De ésta, se han obtenido los balances de situación, las cuentas de pérdidas y ganancias y los estados de flujos de efectivo agregados del sector (581) Edición de libros, periódicos y otras actividades editoriales, en función de su tamaño: grandes (más de 251 empleados), medianas (entre 50 y 250) y pequeñas (menos de 49). Otro criterio de selección ha sido que las empresas tuvieran las cuentas normales elaboradas de acuerdo con el PGC 2007. A continuación, se ha procedido a la depuración del listado de empresas, eliminando aquellas que están ya extinguidas o en proceso de liquidación.

Para facilitar la visualización de determinados ratios, también se presentan varios gráficos los cuales son de elaboración propia tomando como referencia los datos que constituyen la base del análisis.

Por otro lado, para el conocimiento de los rasgos característicos del sector, los principales recursos de información utilizados han sido diversas páginas webs, así como informes sobre las editoriales elaborados por distintas instituciones como el Ministerio de Educación, Cultura y Deporte del Gobierno de España. Algunos datos del sector en la actualidad en España se han extraído de noticias publicadas en las versiones digitales de periódicos como el ABC.

También se han aplicado los conocimientos adquiridos en las asignaturas de Análisis Contable y Análisis Contable Superior, habiendo sido de gran ayuda a la hora de desarrollar la parte principal del estudio.

5. El sector editorial

5.1. Concepto y características generales

El sector editorial está formado por empresas dedicadas a tareas relacionadas con la producción y la comercialización de libros, periódicos, revistas, guías de direcciones postales y otras actividades editoriales como serían la creación de álbumes de cromos o fascículos, entre otros.

Fuente: Elaboración propia

En las últimas décadas, este sector ha tenido que adaptarse y modernizarse debido al desarrollo de las TICs y al mercado, que exige nuevos productos y servicios editoriales, disminución de costes y competitividad.

Por una parte, uno de los impactos más notables de las TICs ha sido la aparición de las publicaciones electrónicas las cuales han permitido:

➢ Agregar valor a los productos al generar una experiencia más allá de la lectura gracias a la interactividad que genera el medio.
➢ Disminuir los costes de producción.
➢ Expandir las publicaciones a nuevos mercados, ya que todos los contenidos pueden ser vistos desde cualquier ubicación geográfica mientras se disponga de conexión a Internet.

Según un informe sobre la industria editorial y el mercado de la información (Martín, 2009), otro de los signos de la evolución tecnológica ha sido la creación de los E-book (libros electrónicos), que son dispositivos que permiten leer sus contenidos en una pantalla, a parte de otras funcionalidades. Sus principales ventajas son que: eliminan las preocupaciones relativas al daño del ejemplar y su deterioro; mejoran el proceso de investigación al permitir buscar en sus contenidos, con un uso mucho más fácil para los usuarios; acceso simultáneo desde cualquier ubicación; reducción del espacio necesario para su almacenamiento.

Por otro lado, el aumento de usuarios de Internet ha facilitado una constante mejora de la oferta y una mayor simplicidad de acceso a la misma. Esta situación ha hecho que hayan aparecido nuevos competidores, que son los denominados market-place como Amazon o eBay que tienen y venden libros de primera y segunda mano online, los cuales amenazan con arrebatar buena parte del negocio de los editores tradicionales.

Un informe sobre el sector editorial contemporáneo (Sánchez & Díaz, 2005) señala que las principales tendencias que existen en éste son:

> El desdoblamiento de los libros, periódicos y revistas en físicos y electrónicos.
> La gradual desaparición de los almacenes físicos y su reemplazo por el Print-on-Demand, que consiste en la impresión bajo demanda. La principal ventaja de este sistema es el ahorro de costes en lo que respecta a la impresión y distribución, así como los que se derivarían del almacenamiento de los ejemplares que no se pudieran colocar en el mercado.
> El reemplazo del método de impresión de información fija por información variable según demanda, como por ejemplo la creación de libros de textos que se crean reuniendo páginas de distintas fuentes de información.
> La utilización de las redes de telecomunicaciones para realizar una distribución ilimitada y universal a las masas.
> La irrupción del comercio electrónico a nivel global que ha permitido que los costes de distribución y ventas tiendan a cero, que los productos digitales se puedan entregar de inmediato reduciendo los intermediarios y que se disminuya el tiempo que ocupan las transacciones comerciales, incrementando así la eficiencia de las editoriales.

5.2. El sector editorial en España

El sector editorial se enmarca dentro de las actividades culturales en la economía española. De acuerdo a un artículo de la revista ICE (Martínez, 2001), se trata de una industria fuerte, la cuarta/quinta mundial, en un país tradicionalmente poco lector, con pobre dotación presupuestaria. A pesar de que desde antes del inicio de la crisis en 2008, el sector de la edición había sufrido una caída de ventas de cerca del 40%, en la actualidad está empezando a remontar gracias al 'impulso' en la venta de libros en papel, como publicó el periódico ABC (El sector editorial sale del túnel en España, aunque el 40% de la población no lee nunca, 2015).

Uno de los rasgos principales de este sector en España es su dependencia de la actividad exportadora, principalmente a Iberoamérica. Esto tiene que ver con la amplitud del uso de una lengua común y en cierto modo por el abandono por parte de las industrias locales de sus propias responsabilidades editoriales en esa área geográfica (Marca España, 2015).

6

Otras de las características más importantes del sector editorial español es su apertura a otras culturas ya que es el país de la UE (Unión Europea) con más títulos traducidos a otras lenguas. La mayoría de las traducciones editoriales en España se realizan a partir de obras escritas en inglés. Sin embargo, la traducción de libros en español a otras lenguas es menos frecuente (Marca España, 2015).

Según el informe de 'El sector del libro en España 2012-2014' (Observatorio de la Lectura y el Libro, 2014), la actividad editorial en nuestro país muestra, por otro lado, una serie de tendencias que se están asentando en los últimos años. En especial, cabe destacar el progresivo acortamiento del ciclo de vida de los libros en el mercado, la existencia de más títulos, pero también, de la bajada de la tirada media y el descenso de la edición impresa como consecuencia de la creciente apuesta por la edición digital.

Además, las editoriales españolas tienen que luchar también frente a la existencia de la piratería ya que España es uno de los países con más descargas ilegales de libros del mundo, así lo afirmaba el periódico ABC (El sector editorial sale del túnel en España, aunque el 40% de la población no lee nunca, 2015).

En cuanto al consumo, a pesar de que en torno a un 40% de la población española nunca o casi nunca lee un libro, se trata del tercer mayor gasto para los españoles dentro del sector cultural, por detrás del gasto en equipos audiovisuales e Internet y en servicios culturales, se asegura en el 'Anuario de Estadísticas Culturales 2014' publicado por el Ministerio de Educación, Cultura y Deporte del Gobierno de España (Subdirección General de Estadística y Estudios, 2014).

Respecto al futuro del sector, PwC manifiesta en dos de sus informes que los ingresos de las editoriales en España caerán un 1,4% hasta 2019 (PwC, 2015), así como también lo harán los ingresos de la prensa en un 2,4% (PwC, 2015). Esto demuestra que el aumento de la venta de libros digitales aún no consigue compensar las pérdidas del libro impreso, y que la prensa no consigue aterrizar del todo a la nueva realidad digital.

6. Análisis económico-financiero

6.1. Introducción

A continuación se dispone a realizar el análisis económico-financiero de las empresas editoriales de España, desde las perspectivas de su rentabilidad, liquidez y riesgo. Para ello, se ha utilizado la base de datos SABI. Los criterios usados para el filtrado de empresas han sido el código CNAE 581 "Edición de libros, periódicos y otras actividades editoriales" y que tuvieran sus cuentas elaboradas de acuerdo al PGC normal 2007. Además, se han escogido solamente aquellas que se encuentran activas en la actualidad. Como resultado final, se han obtenido 153 empresas que poseen estas características (Sabi).

También se han separado en tres grupos según su tamaño de acuerdo al número de trabajadores. Así pues, se consideran empresas grandes aquellas cuyo número de empleados sea mayor a 251, empresas medianas a las que tengan entre 50 y 250, y por último, empresas pequeñas a aquéllas que tengan un máximo de 49. De este modo, el número de empresas clasificadas queda determinado en la tabla 1:

Tabla 1. Clasificación de las empresas a analizar

	Número de empresas
Empresas grandes	17
Empresas medianas	87
Empresas pequeñas	49
TOTAL	153

Se han agrupado los datos del balance de situación, de la cuenta de pérdidas y ganancias y del estado de flujos de efectivo para cada uno de los tres grupos de empresas, de forma que los estados contables han quedado agregados para el análisis económico-financiero. Además, todos estos datos se encuentran en miles de euros y los años considerados van desde el 2008 cuando comenzó la crisis, hasta el 2014, año del que se disponen de los datos más recientes.

En los siguientes apartados, a través del análisis de las cuentas y de la interpretación de una serie de ratios apoyados en la teoría de las asignaturas de análisis contable (Amondarain, Caraballo, & Zubiaur, 2013-2014), se pretende conocer la situación económico-financiera de los tres grupos de empresas, así como su evolución a lo largo del periodo de estudio.

6.2. Rentabilidad

6.2.1. Resultado

Cuenta de pérdidas y ganancias

En este primer apartado de la rentabilidad, se analiza la importancia y evolución de algunas de las variables de la cuenta de resultados. Para ello, se tienen en cuenta tanto los valores absolutos de los tres grupos de empresas como sus valores relativos o porcentajes verticales. Éstos se hallan dividiendo las distintas partidas entre los ingresos por ventas y multiplicando por 100.

Tabla 2. Porcentajes verticales de la cuenta de resultados en empresas grandes

PyG	2008	2009	2010	2011	2012	2013	2014
Ventas	100%	100%	100%	100%	100%	100%	100%
Aprovisionamientos	-43,7%	-38,7%	-34,8%	-35,9%	-36,4%	-36,1%	-34,1%
Gastos de personal	-26,5%	-23,4%	-23,3%	-24,5%	-28,0%	-27,6%	-27,6%
Otros gastos de explotación	-30,3%	-38,4%	-40,0%	-39,3%	-38,9%	-39,1%	-42,3%
Amortización	-4,2%	-3,5%	-2,9%	-3,4%	-3,6%	-3,3%	-3,2%
Resultado de explotación	7,3%	1,4%	3,8%	-19,9%	-19,6%	0,7%	-0,4%
Gastos financieros	-8,9%	-3,8%	-3,5%	-4,4%	-3,7%	-3,7%	-3,0%
Resultado del ejercicio	4,9%	0,9%	1,5%	-20,8%	-33,7%	-4,2%	1,8%

Como se aprecia en la tabla 2, en términos relativos, las empresas grandes del sector presentan un resultado del ejercicio escasamente positivo. E incluso han incurrido en importantes pérdidas durante el bienio 2011-2012, debido a la conjunción de la disminución de ventas junto con el aumento de los gastos en personal como se ve en su cuenta de resultados (anexo 2). Por ejemplo, en 2011, el porcentaje vertical indica que por cada 100 euros de ingresos por ventas, las empresas tenían una pérdida de 20,8 euros.

En dicha cuenta de pérdidas y ganancias, se observa que la tendencia de las ventas es ligeramente creciente los tres primeros años aunque después éstas comienzan a decaer hasta el año 2014. Por su lado, los aprovisionamientos (coste de ventas) experimentan prácticamente los mismos cambios que las ventas. Sin embargo, porcentualmente hubo una disminución significativa de este gasto en los años 2009 y 2010, en los cuales pasa a suponer el 38,7% y 34,8% del total de las ventas respectivamente, como se puede apreciar en la tabla 2.

Además, porcentualmente se puede señalar que ha habido un cambio en la tendencia de los distintos tipos de gastos. Los más destacables en el periodo 2008-2014 han sido la disminución del peso de los aprovisionamientos en un 9,6%, mientras que por otro lado iba aumentando la partida de otros gastos de explotación en un 12%. En cuanto a los gastos financieros, cabe destacar el importante descenso del peso de un 5,1% entre el año 2008 y 2009, manteniéndose estable el resto de años analizados.

Tabla 3. Porcentajes verticales de la cuenta de resultados en empresas medianas

PyG	2008	2009	2010	2011	2012	2013	2014
Ventas	100%	100%	100%	100%	100%	100%	100%
Aprovisionamientos	-42,3%	-40,7%	-39,9%	-39,7%	-40,6%	-38,5%	-35,0%
Gastos de personal	-21,9%	-24,1%	-21,2%	-22,4%	-23,8%	-25,0%	-25,9%
Otros gastos de explotación	-35,8%	-37,2%	-36,7%	-37,0%	-37,0%	-38,8%	-39,6%
Amortización	-2,1%	-2,4%	-2,3%	-2,1%	-2,1%	-2,1%	-2,2%
Resultado de explotación	3,9%	0,3%	5,3%	4,3%	0,4%	0,5%	3,2%
Gastos financieros	-0,9%	-0,8%	-0,8%	-0,9%	-0,9%	-1,0%	-1,5%
Resultado del ejercicio	4,2%	0,5%	5,4%	5,1%	1,2%	-0,3%	2,4%

En las empresas medianas, la estructura de la cuenta de resultados no dista excesivamente de la de las empresas grandes. El resultado total sigue presentándose escaso en todos los ejercicios en términos relativos (tabla 3) pero sin llegar a sufrir las importantes pérdidas que afectaron al anterior grupo de empresas. Sin embargo, en términos absolutos (anexo 5), el resultado del ejercicio presenta varios cambios significativos como por ejemplo la reducción del 90% entre el 2008 y 2009.

Por un lado, en su cuenta de resultados se vuelve a observar que tanto las ventas como los aprovisionamientos presentan una reducción gradual a lo largo de los años. Además, de acuerdo a la tabla 3, este coste de ventas pierde cierto peso con respecto al total de ventas a medida que pasan los años. Teniendo en cuanto todo el periodo de análisis, porcentualmente la reducción del coste de ventas ha sido del 7,3%, mientras que en términos absolutos ha supuesto una disminución del 50%.

En comparación con las grandes empresas, es reseñable el menor peso de los gastos financieros para las medianas. Por su parte, el resto de gastos presenta una evolución bastante estable en términos porcentuales.

Por último, de acuerdo a la tabla 4, se observa que las empresas pequeñas también presentan resultados escasos porcentualmente. Sin embargo, en términos absolutos (anexo 8) se observan importantes oscilaciones como por ejemplo la gran disminución de casi el 100% entre 2011 y 2012.

PyG	2008	2009	2010	2011	2012	2013	2014
Ventas	100%	100%	100%	100%	100%	100%	100%
Aprovisionamientos	-50,1%	-45,6%	-43,7%	-44,7%	-45,5%	-46,8%	-46,7%
Gastos de personal	-15,4%	-15,4%	-14,2%	-14,1%	-15,7%	-16,4%	-13,8%
Otros gastos ce explotación	-32,2%	-32,8%	-32,7%	-33,3%	-34,1%	-32,9%	-33,0%
Amortización	-2,0%	-4,2%	-3,5%	-3,2%	-3,2%	-3,9%	-3,2%
Resultado de explotación	3,7%	2,1%	7,2%	7,7%	3,7%	2,5%	6,0%
Gastos financ eros	-1,5%	-1,3%	-1,3%	-1,3%	-1,6%	-2,0%	-1,5%
Resultado del ejercicio	3,8%	1,3%	4,9%	6,0%	0,3%	-1,6%	4,3%

Comenzando por las ventas, éstas han tenido una tendencia decreciente al igual que el coste de ventas, el cual aun así supone un gasto con mayor peso para las empresas pequeñas que para los otros dos grupos anteriores como se puede apreciar en la tabla 4. Por el contrario, los gastos de personal representan una menor proporción sobre las ventas en comparación con las grandes y medianas empresas. En términos absolutos (anexo 8), tanto las ventas como la mayoría de los gastos se han visto reducidos aproximadamente entre un 50-60%.

En cuanto a los gastos financieros, se encuentran estables en términos relativos, mientras que en términos absolutos van decreciendo en el periodo 2008-2014.

En resumen, los tres grupos de empresas presentan una tendencia de ventas decreciente, al igual que el coste de ventas. Dentro de los gastos, los de mayor peso son los aprovisionamientos y otros gastos de explotación.

En términos relativos, los gastos financieros no tienen mucho peso respecto de las ventas pero se observa que son mayores en las grandes que en los otros dos tamaños de empresas.

Con todo ello, los resultados del ejercicio que tienen son ajustados con un margen de beneficio relativamente bajo.

Política comercial

Uno de los principales indicadores dentro de la política comercial es el margen bruto comercial (MBC) el cual se halla calculado en los indicadores de resultados de los anexos 10, 11 y 12, y cuya fórmula es:

$$MBC = \frac{Ventas - Aprovisionamientos}{Ventas}$$

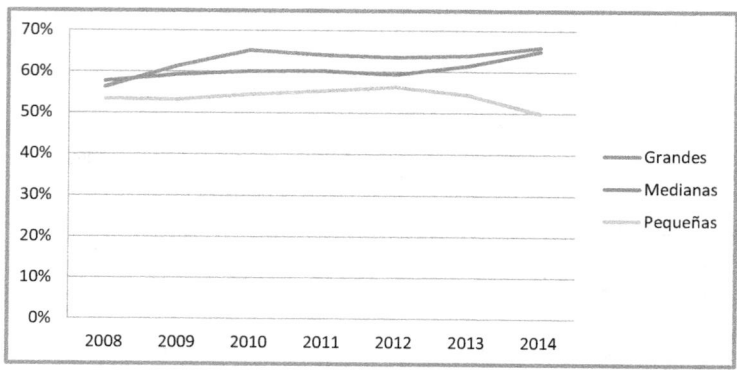

Gráfico 1. Margen bruto comercial

De acuerdo al gráfico 1, en el cual se muestra este margen sobre las ventas, las empresas grandes y medianas del sector editorial han presentado un MBC entre el 56% y el 66% en el periodo de análisis. Es decir, por ejemplo, por cada 100 euros de ingresos por ventas, una vez cubiertos los aprovisionamientos, obtuvieron 56 euros de beneficio comercial. En las empresas con más de 250 trabajadores, este indicador aumenta notablemente en la primera parte del periodo por el mayor aumento de las ventas que de los aprovisionamientos mientras que en el resto de años se mantiene estable. Las medianas experimentaron la tendencia contraria. Los primeros años de estudio no presentaron importantes oscilaciones hasta 2012, año en el que creció este índice debido a que el coste de ventas disminuyó más que las ventas.

Sin embargo, las empresas pequeñas tienen un MBC menor que los otros dos grupos de empresas, entre el 50% y el 56% aproximadamente. Además, aunque su MBC también va en aumento entre 2008 y 2012, a partir de este último año empieza a decaer ya que las ventas disminuyeron más que los aprovisionamientos.

Política de personal

Dentro de la política de personal, caben analizar dos ratios calculados en los indicadores de resultados de los anexos 10, 11 y 12: el coste por trabajador y la productividad o ventas por trabajador.

Primero, es importante saber que el número de personas empleadas (tabla 5) en este sector en las medianas y pequeñas empresas se ha ido reduciendo a lo largo del periodo 2008-2014. Por el contrario en las grandes ha tenido lugar un ligero aumento de los trabajadores excepto en el último año en el que la plantilla se redujo en casi dos mil personas. También se observa que las empresas de tamaño medio tienen más empleados que las grandes. Esto puede ser debido a que estas últimas deleguen a otras empresas algunas actividades como por ejemplo la distribución de los productos.

Tabla 5. Número de empleados en el sector editorial en función del tamaño de las empresas

	2008	2009	2010	2011	2012	2013	2014
Grandes	6.461	6.616	6.659	6.570	6.683	6.813	5.057
Medianas	11.300	10.109	9.970	9.891	9.359	8.981	8.173
Pequeñas	2.351	2.075	1.864	1.743	1.612	1.474	1.026

El primero de los indicadores (gráfico 2) se halla a través de la fórmula:

$$Coste\ por\ trabajador = \frac{Gastos\ de\ personal}{Número\ de\ empleados}$$

El coste por trabajador es similar entre los tres grupos de empresas, entre 49 y 60 miles de euros al año se gastan las empresas por trabajador por término medio, siendo las pequeñas las que menos se gastan. Las medianas y pequeñas presentan una tendencia similar, con una oscilación inicial y una posterior estabilidad a lo largo del resto de años. Esta estabilidad se debe a que los gastos de personal han ido disminuyendo de manera proporcional a la reducción del número de trabajadores. Sin embargo, el coste por trabajador para las empresas grandes aumenta todos los años excepto en 2013 que tuvo lugar un descenso de este índice debido a una disminución del 7% en gastos de personal a la vez que el número de trabajadores aumentó en un 2%.

Gráfico 2. Coste por trabajador

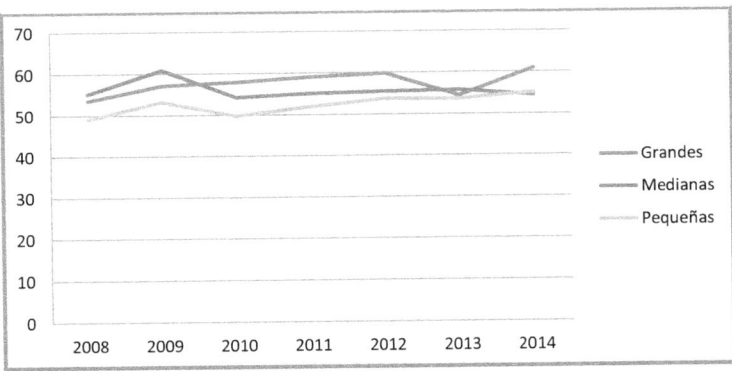

Por otro lado, la productividad se calcula a través de la siguiente expresión:

$$Ventas\ por\ trabajador = \frac{Ventas}{Número\ de\ empleados}$$

Como se observa en el gráfico 3, las medianas y grandes empresas muestran unas ventas por empleado que van variando a lo largo del periodo de estudio entre los 200 y 253 miles de euros. Sin embargo, hay diferencias entre ambos grupos ya que las medianas presentan una estabilidad inicial y una posterior disminución constante la cual se ha debido a la reducción casi a la mitad de las ventas. Por su parte, este indicador para las empresas grandes también disminuye casi todos los años pero esta vez se debe principalmente al aumento del número de trabajadores. En las empresas pequeñas, los trabajadores son los más productivos del sector en todo el periodo y van mejorando con el paso de los años, a excepción de los años 2012 y 2013 en los que disminuye debido al mayor descenso de las ventas que del número de empleados.

Gráfico 3. Productividad

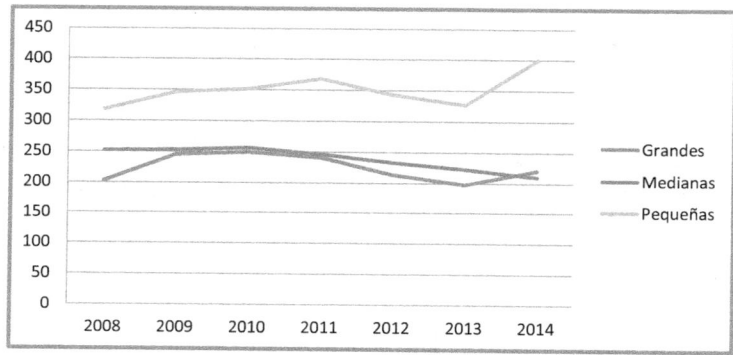

6.2.2 Inversión-Financiación

En esta sección, se comenta la importancia y la evolución de las principales masas patrimoniales del activo, patrimonio neto y pasivo de los tres grupos de empresas. A su vez, el activo corriente se ha subdividido en realizable condicionado (elementos de la estructura económica que se convierten en dinero a corto plazo y que necesitan del proceso productivo para convertirse en éste como las existencias), realizable cierto (elementos patrimoniales de la estructura económica que se van a convertir en dinero a corto plazo y no necesitan del proceso productivo para ser dinero como los derechos de cobro) y disponible (tesorería).

En cuanto al análisis de las empresas grandes (anexo 1), se observa que el valor del activo total (y del patrimonio neto y pasivo) ha disminuido en un 42,3% de 2008 a 2014.

Estudiando primero el activo (tabla 6), se puede apreciar que en 2008 predominaba el activo no corriente. Sin embargo, esta estructura económica ha ido cambiando con los años, llegando en 2014 a ser casi equilibrada.

14

Tabla 6. Porcentajes verticales del activo en empresas grandes

ACTIVO	2008	2009	2010	2011	2012	2013	2014
Activo no corriente	70,7%	69,1%	67,6%	64,8%	59,3%	61,3%	55,5%
Activo corriente	29,3%	30,9%	32,4%	35,2%	40,7%	38,7%	44,5%
Realizable condicionado	4,3%	3,9%	3,8%	4,4%	4,9%	3,9%	3,3%
Realizable cierto	23,6%	25,6%	27,4%	29,0%	33,5%	33,6%	39,8%
Disponible	1,4%	1,4%	1,2%	1,8%	2,4%	1,2%	1,4%
TOTAL	100%	100%	100%	100%	100%	100%	100%

La razón de este cambio ha sido de una parte causada por el aumento del realizable cierto. Observando su balance (anexo 1), la partida que ha presentado un mayor incremento ha sido las inversiones en empresas del grupo y asociadas a corto plazo, concretamente los créditos a empresas. Por otro lado, también se ha debido a la disminución de varias partidas del activo fijo, destacándose la caída de un 87,8% del inmovilizado intangible durante el periodo de análisis.

En cuanto a la estructura financiera (tabla 7), se aprecia que las empresas grandes de este sector se han decantado más por la financiación ajena que por la financiación propia, especialmente en los años 2011-2012. Dentro del pasivo exigible, en casi todo el periodo considerado, se ha presentado un mayor peso del pasivo circulante.

Tabla 7. Porcentajes verticales del pasivo en empresas grandes

PN+PASIVO	2008	2009	2010	2011	2012	2013	2014
Patrimonio neto	27,6%	27,7%	29,9%	18,2%	20,9%	35,0%	29,0%
Pasivo no corriente	32,6%	27,6%	32,7%	36,1%	28,2%	35,3%	27,1%
Pasivo corriente	39,7%	44,6%	37,4%	45,7%	50,9%	29,7%	43,9%
TOTAL	100%	100%	100%	100%	100%	100%	100%

Teniendo en cuenta de nuevo su balance, se observa que el patrimonio neto ha experimentado un descenso del 39,5% debido al aumento de los resultados negativos de ejercicios anteriores. Por su parte, tanto el pasivo corriente como el no corriente se han visto reducidos casi a la mitad, debido al descenso de las partidas de deudas con entidades de crédito a largo plazo y a otros pasivos financieros de las deudas a corto plazo.

En las empresas medianas (anexo 4), la disminución del total del activo (y del patrimonio neto y pasivo) ha sido de un 21,3% en el periodo de estudio, descenso menor que el sufrido por las grandes empresas.

Respecto al activo (tabla 8), a diferencia del grupo de empresas analizado anteriormente, se observa que todos los años, su estructura económica es equilibrada, con un ligero aumento en el último año a favor del activo no corriente. Cabe destacar en su balance (anexo 4) la disminución en términos absolutos de un 34,4% del activo corriente, causado principalmente por la reducción de las partidas del realizable cierto, especialmente de los deudores comerciales.

Tabla 8. Porcentajes verticales del activo en empresas medianas

ACTIVO	2008	2009	2010	2011	2012	2013	2014
Activo no corriente	49,1%	50,7%	51,7%	51,7%	51,5%	52,9%	57,5%
Activo corriente	50,9%	49,3%	48,3%	48,3%	48,5%	47,1%	42,5%
Realizable condicionado	6,1%	5,5%	5,0%	5,3%	5,6%	4,8%	4,2%
Realizable cierto	42,1%	40,4%	40,3%	40,3%	40,7%	39,8%	36,9%
Disponible	2,7%	3,4%	3,0%	2,6%	2,3%	2,5%	1,3%
TOTAL	100%	100%	100%	100%	100%	100%	100%

En cuanto a la financiación (tabla 9), aunque sí hay un ligero predominio de la financiación ajena sobre la propia, éste no es tan fuerte como en las empresas grandes. Además, se aprecia que a lo largo del periodo se van equilibrando ambos tipos de financiación. Dentro del pasivo exigible, tiene mayor peso la deuda a corto plazo. Aun así, ésta se ha ido ligeramente reduciendo debido al descenso de las deudas con entidades de crédito. Por su parte, a causa del incremento de la partida otras aportaciones de socio, los recursos propios han visto aumentado su peso.

Tabla 9. Porcentajes verticales del pasivo en empresas medianas

PN+PASIVO	2008	2009	2010	2011	2012	2013	2014
Patrimonio neto	41,3%	42,5%	44,2%	46,6%	48,0%	41,7%	47,7%
Pasivo no corriente	16,1%	17,6%	17,9%	16,7%	16,0%	19,6%	16,9%
Pasivo corriente	42,6%	39,9%	37,9%	36,7%	36,1%	38,7%	35,5%
TOTAL	100%	100%	100%	100%	100%	100%	100%

Por último, se analiza la situación económico-financiera de las empresas pequeñas del sector editorial. Su situación patrimonial (tabla 8) ha sido la que más reducida se ha visto entre 2008 y 2014, un 47,2%.

En la tabla 10 se observa que, a diferencia de en los dos casos anteriores, el activo circulante tiene mayor peso que el fijo. A pesar de que esta importancia fue disminuyendo a lo largo de los años, en 2014 volvió a aumentar de manera

16

importante. Las causas de esto han sido la reducción de las inversiones en empresas del grupo y asociadas a largo plazo, y el aumento del peso del realizable cierto, concretamente de las inversiones financieras a corto plazo.

Tabla 10. Porcentajes verticales del activo en empresas pequeñas

ACTIVO	2008	2009	2010	2011	2012	2013	2014
Activo no corriente	31,1%	42,4%	38,1%	35,1%	34,1%	39,0%	24,8%
Activo corriente	68,9%	57,6%	61,9%	64,9%	65,9%	61,0%	75,2%
Realizable condicionado	9,8%	10,6%	10,1%	9,8%	9,6%	8,2%	9,9%
Realizable cierto	55,2%	42,6%	48,6%	52,1%	53,5%	49,7%	59,3%
Disponible	3,9%	4,4%	3,1%	3,0%	2,8%	3,1%	6,0%
TOTAL	100%	100%	100%	100%	100%	100%	100%

Sin embargo, al igual que en los otros dos grupos de empresas, en términos absolutos (anexo 7), ambas masas patrimoniales de activo han ido viéndose reducidas, probablemente a causa del efecto de la crisis económica.

Tabla 11. Porcentajes verticales del pasivo en empresas pequeñas

PN+PASIVO	2008	2009	2010	2011	2012	2013	2014
Patrimonio neto	47,8%	50,4%	47,4%	49,8%	49,8%	50,9%	53,7%
Pasivo no corriente	5,2%	6,7%	7,8%	6,1%	6,5%	8,5%	5,3%
Pasivo corriente	47,0%	42,9%	44,9%	44,1%	43,8%	40,6%	41,0%
TOTAL	100%	100%	100%	100%	100%	100%	100%

En cuanto a su modo de financiarse (tabla 11), presenta una estructura muy equilibrada y estable a lo largo del periodo entre recursos propios y ajenos. Dentro de la financiación ajena, la mayor parte se trata de deuda a corto plazo. Ambas masas del pasivo exigible se han visto reducidas como se puede apreciar en su balance. En el caso del pasivo no corriente se ha debido a la reducción del pasivo por impuesto diferido y las deudas con empresas del grupo y asociadas a largo plazo. En el pasivo corriente fue a causa del descenso de las deudas con entidades de crédito a corto plazo y los acreedores comerciales.

En conclusión, para los tres grupos de empresas ha tenido lugar una reducción de su volumen de activo (y de patrimonio neto y pasivo), siendo las medianas las que menos se han visto afectadas.

Respecto a la estructura económica, en las empresas grandes predomina el activo fijo mientras que en las pequeñas lo es el activo circulante. Por su parte, las medianas muestran una estructura equilibrada.

En cuanto a la financiación, para las pequeñas y medianas hay prácticamente un equilibrio entre financiación propia y ajena. Sin embargo, en las grandes predomina esta última. Dentro del pasivo exigible, en los tres grupos predomina el pasivo corriente y se financian más a través de proveedores que con entidades de crédito.

6.2.3. Rentabilidad

El análisis de la rentabilidad se puede realizar desde dos puntos de vista, el económico y el financiero, utilizando para ello distintas variables del balance y de la cuenta de pérdidas y ganancias.

Rentabilidad económica

La rentabilidad económica o ROI (gráfico 4) mide la capacidad de la empresa para obtener beneficios a partir de los capitales invertidos y recursos disponibles, sin tener en cuenta los aspectos financieros. Es decir, en el caso de las empresas grandes en 2008, querría indicar que por cada 100 euros invertidos en la empresa, ésta logra 2 euros en forma de beneficio a partir de la gestión de sus activos. Este resultado se obtiene del cociente entre el resultado del ejercicio y el activo total. Esta fórmula se puede descomponer en:

$$\text{ROI} = \frac{\text{Resultado del ejercicio}}{\text{Ventas}} \times \frac{\text{Ventas}}{\text{Activo total}} = \text{Margen} \times \text{Rotación}$$

Con respecto al ROI de las empresas grandes, cabe destacar la fuerte disminución en el periodo 2010-2012 llegando a unas rentabilidades económicas negativas, así como la importante mejoría de esta mala evolución al año siguiente. La causa de estos cambios es el margen de ventas, concretamente las importantes pérdidas del resultado del ejercicio, que posteriormente en 2013 disminuyen notablemente.

Observando la descomposición de este ratio en el apartado rentabilidad del anexo 10, la estrategia de las empresas grandes se basa en mantener una alta rotación en aumento y un margen de ventas muy bajo e incluso negativo en determinados años debido como se ha comentado anteriormente a las pérdidas sufridas.

En el gráfico también se puede apreciar que las empresas medianas y pequeñas siguen una evolución de la rentabilidad económica bastante similar exceptuando el año 2011, siendo además las oscilaciones menos bruscas en el caso de las pequeñas.

Los cambios en el ROI, como se puede observar en los indicadores de rentabilidad de los anexos 11 y 12, han sido a causa fundamentalmente de las variaciones del margen de ventas para ambos grupos de empresas. Al igual que sucedía en las empresas grandes, las variaciones del margen de ventas se deben a las fluctuaciones del resultado del ejercicio.

En cuanto a la descomposición de este indicador, para las empresas medianas se observa que presentan una rotación en constante disminución mientras que las pequeñas tienen una rotación estable en el periodo analizado. Por otro lado, como se ha comentado anteriormente y se observa en el gráfico, sus márgenes de ventas fluctúan a lo largo de los años.

Gráfico 4. Rentabilidad económica

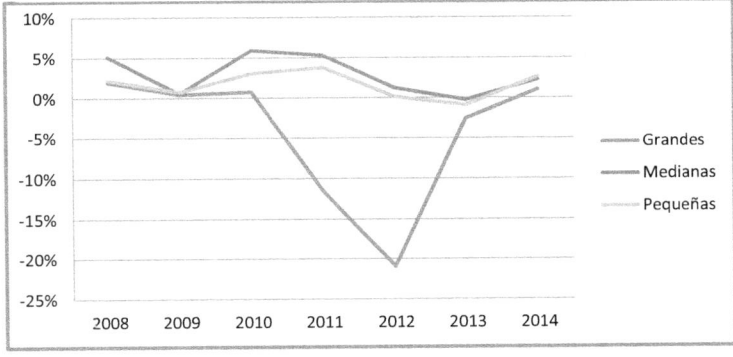

Por lo tanto, para todas las empresas de este sector, la rotación es mayor que el margen de ventas. Sin embargo, son las variaciones del margen las que hacen variar su rentabilidad económica.

Por ello, se podría decir que estas empresas intentan vender el máximo de productos a pesar de obtener unos márgenes de beneficio unitarios más ajustados. Esta estrategia se ve más acentuada en las empresas medianas, las cuales además son las que más rentabilidad económica presentan casi todos los años debido a tener un mayor valor de este indicador.

Rentabilidad financiera

Desde el punto de vista financiero, uno de los indicadores con los que nos encontramos es la rentabilidad financiera o ROE (gráfico 5), el cual mide el resultado generado por la empresa en relación a la inversión de los socios. Es decir, en el caso de las empresas medianas en 2014, de cada 100 euros de financiación que aportan los recursos propios a las empresas, 4,8 euros se les remunera a los propietarios del patrimonio neto en forma de beneficio (dividendos y/o reservas). Se obtiene a través del cociente entre el resultado del ejercicio y los recursos propios. Este ratio se puede descomponer en:

$$ROE\ (r1) = \frac{Resultado\ del\ ejercicio}{Ventas} \times \frac{Ventas}{Activo\ total} \times \frac{Activo\ total}{Recursos\ propios}$$

$$= Margen \times Rotación \times Apalancamiento$$

Como se puede observar en la fórmula, los dos primeros componentes son los utilizados anteriormente para hallar la rentabilidad económica. A éstos, se les multiplica por el apalancamiento, el cual es un indicador del nivel de endeudamiento de una organización en relación con su activo.

Observando el gráfico 5, se puede apreciar que los tres grupos de empresas siguen la misma tendencia en cuanto a oscilaciones se refiere que en el gráfico 4 de la rentabilidad económica. Sin embargo, los aumentos y disminuciones de la rentabilidad financiera son más fuertes debido al efecto multiplicador del apalancamiento, el cual es siempre mayor que uno para todos los años. Todas estas variaciones se han debido al mayor cambio del resultado del ejercicio que de los recursos propios.

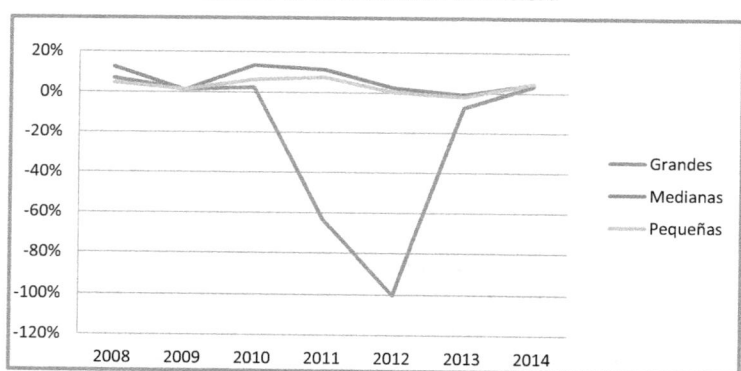

Gráfico 5. Rentabilidad financiera

Otro indicador importante desde esta perspectiva financiera es el coste efectivo de la deuda. Se halla de la siguiente manera:

$$Coste\ efectivo\ de\ la\ deuda\ (r3) = \frac{Gasto\ financiero \times (1 - t)}{Pasivo\ exigible\ *}$$

Como se observa en la expresión anterior, el gasto financiero es deducible fiscalmente en el impuesto de sociedades. Por otro lado, se considera al pasivo exigible* a aquel pasivo que genera la obligación de pagar intereses, tanto a largo como a corto plazo.

Esta fórmula quiere decir, por ejemplo en el caso de las empresas pequeñas en el año 2010, que de cada 100 euros de recursos ajenos que tiene la empresa, 5,6 euros le supone de coste a ésta el tener dicho tipo de financiación. Observando la tabla 12, se aprecia que el coste efectivo de la deuda de las empresas de este sector es elevado, especialmente para las de mayor tamaño.

Tabla 12.Coste efectivo de la deuda

	2008	2009	2010	2011	2012	2013	2014
Grandes	18,4%	9,8%	37,0%	67,5%	49,5%	45,3%	28,1%
Medianas	7,4%	6,5%	5,3%	6,7%	8,7%	8,9%	18,9%
Pequeñas	5,3%	6,2%	5,6%	8,0%	11,2%	15,3%	14,0%

Resulta interesante comparar la rentabilidad financiera con el coste efectivo de la deuda para analizar el apalancamiento financiero. Éste pretende analizar el efecto en la rentabilidad de los recursos propios de la decisión de financiación tomada por la empresa.

En los casos de las empresas grandes y las pequeñas, el apalancamiento financiero es negativo casi todos los años ya que éstas generan una rentabilidad menor al coste de remunerar a la financiación ajena. Por lo tanto, a la hora de financiar nuevas inversiones, estas empresas deberían financiarlas con financiación propia para mejorar así su rentabilidad financiera.

Las medianas, al contrario que los otros dos grupos de empresas, presentan más de un cambio de signo en cuanto a este apalancamiento. La interpretación del apalancamiento financiero negativo es la misma que la comentada anteriormente. En los años 2008, 2010 y 2011, presenta un apalancamiento positivo ya que la rentabilidad de los recursos propios es superior al coste efectivo de la deuda. Por ello, las empresas de este tamaño deberían endeudarse para financiar las nuevas inversiones y de esta manera, mejorar la posición de su rentabilidad financiera.

6.3. Liquidez

6.3.1. Margen de seguridad financiero

Fondo de rotación

El fondo de rotación, también conocido como fondo de maniobra o capital circulante, es la inversión en elementos corrientes que posee la empresa y que está financiada con recursos permanentes (patrimonio neto y pasivo no corriente). Este indicador se puede calcular desde dos perspectivas:

$$Ciclo\ l/p \rightarrow FR = Capitales\ permanentes - Activo\ no\ corriente$$

$$Ciclo\ c/p \rightarrow FR = Activo\ corriente - Pasivo\ corriente$$

Como se puede observar en el gráfico 6, tanto las empresas medianas como las pequeñas presentan en todo momento un fondo de rotación positivo, es decir, que su inversión en activos corrientes es superior a la financiación obtenida a corto plazo. Por lo tanto, tienen suficientes activos líquidos para hacer frente a sus obligaciones más inmediatas y además, parte de estos activos circulantes son financiados con financiación a largo plazo.

Gráfico 6. Fondo de rotación

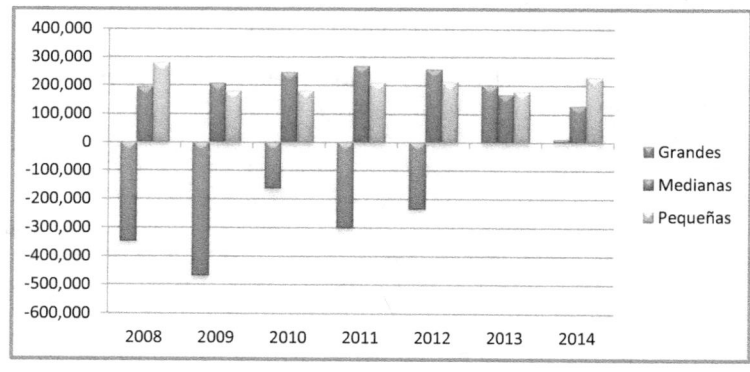

Sin embargo, las empresas grandes del sector editorial muestran un fondo de rotación negativo casi todos los años, lo cual indica que el activo circulante es inferior al pasivo corriente y por lo tanto, esta financiación a corto plazo se encuentra financiando parte del activo no corriente. Esta situación podría suponerles un problema financiero si el reembolso de la financiación a corto plazo se produjera antes que la recuperación de la liquidez de las inversiones corrientes.

En cuanto a su evolución, en las empresas medianas y pequeñas se observa cierta estabilidad, destacándose solamente la mayor disminución del fondo de rotación entre los años 2008-2009 para las empresas con menos de 49 empleados y en el caso de las medianas, la reducción en el periodo 2012-2013.

En contraposición, las empresas grandes de este sector han presentado un fondo de rotación con aumentos y disminuciones más pronunciados, siendo interesante el importante aumento del año 2012 al 2013, incluido cambio de signo. Éste se debió a la disminución de la financiación a corto plazo.

Necesidades del fondo de rotación

A continuación, se comentan los diferentes componentes utilizados para el cálculo del fondo de rotación para así conocer las necesidades y disponibilidades financieras de los tres grupos de empresas.

Como se puede observar en la sección margen de seguridad financiera de los anexos 13, 14 y 15, para hallar el fondo de rotación por el ciclo corto es necesario conocer primero las necesidades brutas de financiación del circulante (NBFC). Éstas son las inversiones en activos corrientes de explotación necesarias para el desarrollo de la actividad empresarial (existencias y clientes). Además, la actividad de explotación de las empresas también es capaz de generar financiación a su favor a través de los proveedores, obteniendo así disponibilidades de financiación que reducen su problema financiero. Al restar las partidas de proveedores a las NBFC, se obtienen las necesidades de fondo de rotación de explotación (NFRE).

La empresa también lleva a cabo otras actividades relacionadas con el circulante como dar anticipos a los trabajadores o dejar cantidades a deber a entes públicos, entre otras. Por ello, habrá operaciones que le generen necesidades financieras y otras que le generen disponibilidades financieras. Teniendo en cuenta todas las inversiones (excepto la tesorería) y financiación a corto plazo, se determinan las necesidades del fondo de rotación (NFR).

Por último, queda la tesorería (efectivo y otros activos líquidos equivalentes) la cual es una inversión para toda la empresa, por lo que se puede decir que genera "necesidades de financiación". Por lo tanto, el fondo de rotación se calcula sumando esta tesorería a las NFR, y su interpretación es la misma a la comentada en el apartado anterior.

Aplicando estos conceptos a los distintos grupos de empresas del sector editorial, se aprecia que las empresas de tamaño medio y pequeño tienen unas NFRE positivas lo que implica que sus NBFC son superiores a las disponibilidades financieras conseguidas con los proveedores. Por lo tanto, parte de la inversión en existencias y clientes no ha sido financiada con éstos, lo cual genera unas necesidades financieras. Además, estas

NFRE van disminuyendo a lo largo del periodo debido principalmente a la reducción de las existencias y clientes, y ocasionalmente por el aumento de los proveedores.

En cuanto a las NFR, estos dos grupos de empresas presentan unas necesidades de financiación generadas por la inversión en activos corrientes (excepto tesorería) mayores que disponibilidades de financiación obtenidas con el pasivo corriente. Por ello, parte de las existencias, los clientes y otros activos corrientes siguen sin ser financiados con el pasivo corriente.

Finalmente, solo quedaría sumarle la tesorería a estas NFR dando lugar al fondo de rotación, cuyo significado e interpretación sería igual al expuesto en el primer apartado de esta sección.

Al igual que los otros dos grupos de empresas, las grandes también tienen unas NBFC mayores a las disponibilidades financieras obtenidas con sus proveedores, por lo que sus NFRE son positivas a lo largo del periodo de estudio. Es decir, que parte de la inversión en existencias y clientes no ha sido financiada con los proveedores. Las variaciones de las NFRE se deben principalmente a las variaciones de los clientes empresas del grupo.

Sin embargo, cuando se tiene en cuenta el resto de activos y pasivos circulantes excepto la tesorería (NFR), se observa que tienen más disponibilidades de financiación que necesidades casi todos los años. Esto indica que con la financiación a corto plazo cubren toda la inversión en existencias y clientes, así como en otros activos corrientes.

Periodo medio de maduración

Otro concepto interesante de conocer en este apartado sobre el margen de seguridad financiero es el de periodo medio de maduración (PMM). Éste refleja el tiempo que transcurre desde que se invierte una unidad monetaria en la adquisición en activo corriente hasta que se recupera esa unidad monetaria con el cobro de las ventas. Estos activos van cambiando su composición con el paso del tiempo, por lo que el PMM se puede dividir en subperiodos:

➢ Periodo de aprovisionamientos: tiempo que transcurre desde que invertimos una unidad monetaria para adquirir materia prima hasta que comienza la transformación de ésta (existencias de materia prima).

➢ Periodo de producción: tiempo que transcurre desde que comienza la transformación de la materia prima hasta que termina dicha transformación (existencias en productos en curso).

➢ Periodo de almacenamiento: tiempo que la empresa tarda en vender su producto, una vez finalizada su transformación (existencias de productos terminados).

➤ Periodo de cobro: tiempo que transcurre desde que se vende el producto hasta que se recupera la unidad monetaria invertida en materias primas, a través del cobro (clientes).

En este estudio, se halla una aproximación del PMM a través de la suma de los periodos de almacenamiento y cobro, debido a la falta de ciertos datos internos necesarios para hallar el resto de subperiodos. Por lo tanto, las fórmulas utilizadas son:

$$Periodo\ de\ almacenamiento = \frac{Existencias}{Coste\ de\ ventas} \times 360$$

$$Periodo\ de\ cobro = \frac{Clientes}{Ventas} \times 360$$

$$PMM = Periodo\ de\ almacenamiento + Periodo\ de\ cobro$$

Como se puede observar en el gráfico 7, el grupo de empresas que menos tiempo tarda en recuperar su inversión son las de tamaño medio. Además, su PMM se mantiene estable a lo largo de los años.

Las empresas grandes y pequeñas presentan un mayor PMM, el cual varía suavemente, a excepción de una reducción más fuerte en el periodo entre 2008 y 2009 para las empresas pequeñas que se debió a la importante disminución de su periodo de cobro. Estas empresas de menor tamaño son las que mayor PMM presentan todos los años debido a que tardan más en vender su producto, una vez finalizada su transformación (mayor periodo de almacenamiento).

Gráfico 7. PMM

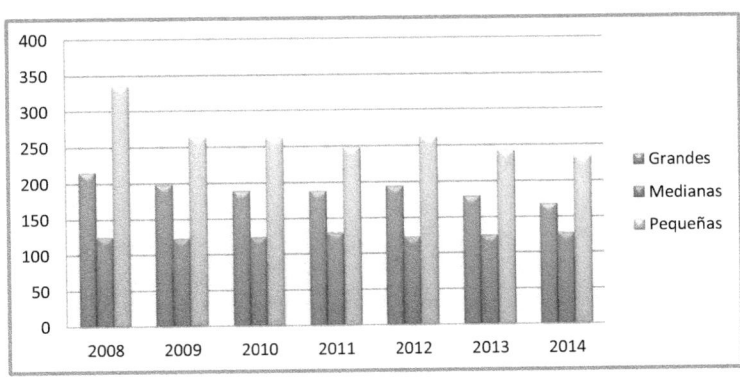

Por el lado de la financiación, se encuentra también el periodo de pago. Nos indica cuántos días de media se tarda en pagar a los proveedores. Su cálculo se realiza a través de la siguiente expresión:

$$Periodo\ de\ pago = \frac{Proveedores}{Compras} \times 360$$

Teniendo en cuenta los datos de la tabla 13, las empresas de más tamaño tardan entre 20 y 30 días en pagar a sus proveedores. Sin embargo, las pequeñas demoran este pago el doble de días, a pesar de que se ha ido recortando este período notablemente. Las entidades que menos tardan en recuperar las cuentas por cobrar son las de tamaño medio, éstas tardan en recibir el cobro unos 80 días, mientras que el resto tarda más de 100 días.

Tabla 13. Periodos de cobro y de pago

	2008	2009	2010	2011	2012	2013	2014
PC Grandes	125	121	112	108	116	115	107
PP Grandes	28	24	23	23	23	26	23
PC Medianas	85	83	85	84	76	80	81
PP Medianas	25	26	28	30	27	26	22
PC Pequeñas	216	128	136	127	134	130	113
PP Pequeñas	51	57	65	58	52	52	43

Independientemente del tamaño de las empresas, todas ellas tienen un periodo de cobro superior al periodo de pago. Esto implica que las empresas de este sector pagan a los proveedores antes de recibir el cobro de sus clientes, lo cual no es la mejor situación.

6.3.2. Solvencia

La solvencia es la capacidad de una entidad de generar fondos para hacer frente al pago de las deudas en su vencimiento, sin alterar el desarrollo normal de su actividad. No se debe confundir con el término de liquidez, el cual consiste en la capacidad para generar recursos líquidos a través de su explotación, mientras que la solvencia se puede conseguir con recursos no líquidos. En este apartado, se analizan varios ratios para conocer la solvencia de los distintos grupos de empresas, tanto en el corto como en el largo plazo.

Solvencia a corto plazo

Como se puede deducir del párrafo anterior, la solvencia a corto plazo consiste en la capacidad de la empresa para, con sus activos circulantes, hacer frente a sus deudas del corto plazo. En este caso, se tienen tres ratios distintos para su análisis.

El primero de ellos es el ratio de circulante, el cual mide la capacidad de la empresa para pagar sus deudas y su fórmula es:

$$Ratio\ de\ circulante = \frac{Activo\ corriente}{Pasivo\ corriente}$$

Según el gráfico 8, las empresas pequeñas y medianas han sido solventes a corto plazo todos los años de estudio ya que su ratio de circulante es superior a 1. Es decir, poniendo como ejemplo el año 2014 de las empresas de menor tamaño, que por cada 100 euros de deudas a corto plazo, las empresas tenían 183 euros invertidos en activos corrientes para hacer frente al pago de dichas deudas en su vencimiento. La diferencia entre estos dos grupos de empresas radica en su evolución. Mientras que las empresas pequeñas han visto como su solvencia a corto plazo aumentaba casi todos los años debido a la mayor disminución de sus deudas a corto plazo que de su activo circulante, las de tamaño mediano aumentaron solo hasta el año 2012. A partir de ese año, su solvencia circulante empieza a decaer a causa del descenso de su activo corriente.

Al contrario, las empresas grandes desde el comienzo de la crisis en 2008 han tenido una solvencia a corto plazo inferior a 1, por lo que por cada 100 euros de deudas a corto plazo, estas empresas tenían solo 74 euros en activos circulantes para hacer frente al pago de dichas obligaciones. Es decir, teóricamente eran insolventes y se encontrarían en 'suspensión de pagos'. Sin embargo, cabe destacar el importante aumento del valor de este ratio en 2013, año en el que llegó incluso a ser solvente por la importante reducción de sus obligaciones a corto plazo.

Gráfico 8. Ratio del circulante

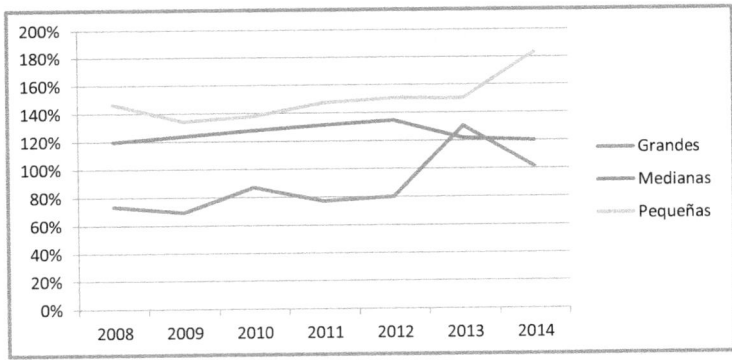

El segundo ratio a tener en cuenta en esta sección es el ratio de liquidez, también conocido como prueba ácida. Éste determina la capacidad de la empresa para hacer frente al pago de las deudas a corto plazo, sin la necesidad de realizar sus inventarios.

$$Prueba\ ácida = \frac{(Realizable\ cierto + Disponible)}{Pasivo\ corriente}$$

Como se puede apreciar en el gráfico 9, la tendencia de los tres grupos de empresas es similar a la presentada en el ratio de circulante, aunque con unos valores inferiores. Al igual que en la interpretación del ratio anterior, se puede decir que las empresas pequeñas y medianas presentan una adecuada situación de liquidez. Esto se debe a que presentan un realizable cierto elevado, ocasionado por el gran peso de la partida clientes. Sin embargo, las grandes presentan problemas de liquidez al presentar un ratio con un valor inferior al 80% casi todos los años.

Gráfico 9. Ratio de liquidez

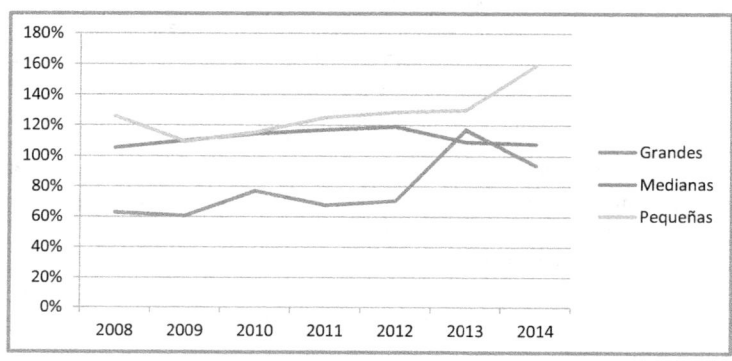

Para finalizar con el análisis de la solvencia a corto plazo, se cuenta con el ratio de disponibilidad el cual mide la capacidad de la empresa para hacer frente a su exigible a corto plazo solo con el disponible (efectivo y otros activos líquidos equivalentes), cuya expresión es:

$$Ratio\ de\ disponibilidad = \frac{Disponible}{Pasivo\ corriente}$$

En base al gráfico 10, se observa que todas las empresas del sector editorial presentan problemas de liquidez inmediata ya que los resultados de sus respectivos ratios de disponibilidad son inferiores al 10%, a excepción del año 2014 en el que las empresas de menor tamaño presentan un valor del 14,6%. Esto significa que por cada 100 euros de deudas a corto plazo, estas empresas tienen 14,6 euros en efectivo y equivalentes de efectivo, para hacer frente a su pago.

En cuanto a su evolución, las empresas de mayor tamaño mantienen relativamente estable este valor, entre un 3% y un 5%. Las de tamaño medio también se mantienen bastante estables entre un 6% y un 8% hasta 2014, año en el que cae más el valor de este ratio por la disminución del efectivo a la mitad. Por último, las entidades pequeñas presentan oscilaciones más pronunciadas, siendo la más importante el aumento en el último año de estudio comentado anteriormente. La causa de este aumento a casi el doble se debió tanto al aumento del efectivo como a la disminución del pasivo corriente.

Gráfico 10. Ratio de disponibilidad

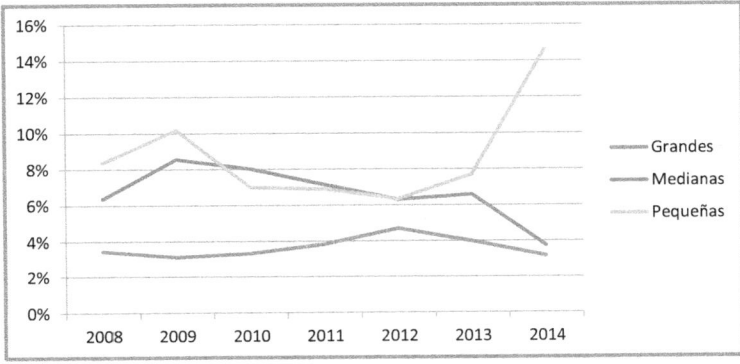

Solvencia a largo plazo

La capacidad de los activos de la empresa para hacer frente a la totalidad de sus deudas se mide a través del ratio de solvencia a largo plazo o de garantía. Cuanto mayor sea el valor de este indicador, mayor índice de seguridad supondrá para los acreedores ya que la empresa dispondrá de más recursos que convertirá en efectivo que volumen de deudas a liquidar.

$$Ratio\ de\ garantía = \frac{Activo\ total}{Pasivo\ exigible\ total}$$

De acuerdo al gráfico 11, al igual que sucedía al interpretar los ratios de solvencia a corto plazo, las empresas pequeñas son las que mayor solvencia presentan, con unos valores cercanos al 200% todos los años. Esto quiere decir que por cada 100 euros de deudas, éstas disponen de 216 euros invertidos en activos para hacer frente al pago de dichas obligaciones, en el año 2014. En cuanto a las de tamaño medio y grande se observa que también son empresas solventes aunque éstas últimas dependen más de sus acreedores en los años 2011 y 2012 ya que el valor del ratio se acerca más al 100%.

Gráfico 11. Ratio de solvencia total

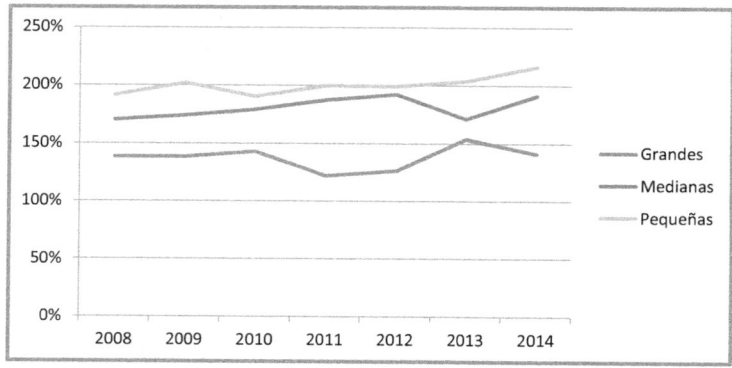

6.3.3. Liquidez

Una de las formas de determinar a través de qué operaciones la empresa ha generado o consumido liquidez, es decir, cómo ha utilizado su efectivo y otros activos líquidos equivalentes es con el estado de flujos de efectivo (EFE).

Estructura del EFE

El EFE establece tres clases de flujos de efectivo:

> Actividades de explotación (TGO): recoge los cobros y pagos relacionados con los ingresos y gastos de la actividad principal de la empresa y de las actividades que no pueden considerarse de financiación o inversión. La tesorería generada por las operaciones se divide en cuatro apartados:

> Resultado del ejercicio antes de impuestos.

> Ajustes en el resultado: observando los anexos 3, 6 y 9 de los EFEs, encontramos que hay ajustes realizados para eliminar gastos e ingresos que no suponen variación de tesorería como la amortización (epígrafes a, b, c, d, i, j, k); ajustes para eliminar operaciones que deben ser calificadas como de inversión o financiación como los resultados por enajenación de inmovilizado (epígrafes e, f); ajustes para eliminar los resultados relativos a la remuneración de activos y pasivos financieros cuyos flujos deben figurar separadamente en este estado como son los ingresos y gastos financieros (epígrafes g, h).

> Cambios en el capital corriente: consiste en ajustar las variaciones del fondo de rotación debidas a las diferencias entre la corriente real y la monetaria. Se realizarán ajustes positivos cuando disminuyan los activos corrientes o aumenten los pasivos corrientes, y ajustes negativos en caso contrario.

- ➢ Otros flujos de efectivo de las actividades de explotación: incluyen los intereses cobrados y pagados, los dividendos percibidos, y los cobros o pagos por impuesto sobre beneficios.
- ➢ Actividades de inversión (TGI): recoge los pagos por la adquisición de activos no corrientes e inversiones financieras, y los cobros por su enajenación o amortización al vencimiento. Por tanto, se dividen en:
  - ➢ Pagos por inversiones.
  - ➢ Cobros por desinversiones.
- ➢ Actividades de financiación (TGF): recoge los cobros obtenidos por la empresa al financiarse con instrumentos de patrimonio neto y endeudándose, así como los pagos para el reembolso de dichos capitales y para atender los dividendos de los accionistas. Se clasifican en:
  - ➢ Cobros y pagos por instrumentos de patrimonio.
  - ➢ Cobros y pagos por instrumentos de pasivo financiero.
  - ➢ Pagos por dividendos y remuneraciones de otros instrumentos de patrimonio.

Una vez conocidos estos conceptos y observando la tabla 14, se puede decir que la TGO para los tres grupos de empresas es siempre positiva. Esto significa que son capaces de generar tesorería con sus operaciones de explotación, lo cual es necesario para asegurar la continuidad del negocio. Dentro de las partidas vistas anteriormente, se aprecia que los ajustes del resultado son los que mayor peso suponen a la hora de hallar esta variable para las grandes empresas. Sin embargo, para las medianas y pequeñas, dependiendo del año, tienen mayor importancia estos ajustes o el resultado del ejercicio antes de impuestos.

A lo largo del periodo de estudio, la tesorería generada por las operaciones de explotación de los tres grupos de empresas ha sufrido continuas oscilaciones. Sin embargo, en términos generales, se aprecia que mientras que las empresas de menor tamaño han ido generando menos tesorería con su actividad, en las grandes el valor de las TGO ha aumentado.

Tabla 14. TGO

	2008	2009	2010	2011	2012	2013	2014
Grandes	23.939	58.009	145.807	124.284	42.121	44.707	93.730
Medianas	287.750	66.425	208.694	161.165	149.101	91.978	34.707
Pequeñas	53.816	173.121	99.355	76.200	36.135	36.594	48.709

En el caso de la tesorería generada por las operaciones de inversión (tabla 15) es siempre negativa lo que implica que ha habido más pagos por inversiones que cobros por desinversiones, exceptuando el año 2010 para las empresas de mayor tamaño.

Dicho año los cobros fueron superiores debido al importante aumento de las desinversiones en empresas del grupo.

La mayoría de estos pagos están relacionados con operaciones de inversión en empresas del grupo y asociadas, en los dos grupos de empresas de mayor tamaño. Sin embargo, para las pequeñas, el principal pago ha sido en otros activos financieros. Además, se observa que desde que comenzó la crisis económica la mayoría de las empresas ha tenido que reducir su inversión en activos.

Tabla 15. TGI

	2008	2009	2010	2011	2012	2013	2014
Grandes	-292.692	-14.906	29.373	-35.994	-52.369	-97.915	-117.115
Medianas	-200.959	-14.130	-95.483	-29.908	-76.947	-29.313	-53.603
Pequeñas	-67.423	-151.040	-38.329	-13.798	-26.920	-20.678	-24.065

En cuanto a la tesorería generada por operaciones de financiación (tabla 16), las empresas medianas y pequeñas muestran casi todos los años un valor negativo, es decir, han tenido más pagos que cobros, debido al pago de dividendos y a la devolución de deudas con entidades de crédito y empresas del grupo. Sin embargo, las TGF de las empresas grandes son positivas menos en 2009-2011, lo que implica que hubo más cobros que pagos. Algunos años se debió a la emisión de instrumentos de patrimonio y otros a la emisión de deudas con entidades de crédito y empresas del grupo.

Tabla 16. TGF

	2008	2009	2010	2011	2012	2013	2014
Grandes	269.456	-39.165	-161.901	-78.868	20.019	24.538	28.672
Medianas	-91.792	-32.237	-109.964	-138.970	-100.140	-58.659	-8.958
Pequeñas	30.297	-15.568	-76.845	-54.074	-11.914	-12.983	-8.390

Teniendo en cuenta los distintos tipos de tesorerías comentadas anteriormente y el efecto de las variaciones del tipo de cambio se obtiene lo que cambia la tesorería de principio a final del ejercicio. Así se puede decir que las grandes empresas han visto aumentada su tesorería casi todos los años, mientras que en los otros dos grupos, dicha variable ha ido cambiando de signo a lo largo del periodo estudiado.

Relación TGO/TGI/TGF

En rasgos generales y con la ayuda de los indicadores de liquidez de los anexos 13, 14 y 15, se ve que los tres grupos de empresas presentan disponibilidad de tesorería gracias a su actividad habitual, unido a una buena gestión de esta variable. Sin embargo, su evolución difiere en función del tamaño de las empresas. Las más pequeñas desde el inicio de la crisis, en 2009 comenzaron a sufrir una notable disminución de esta disponibilidad de efectivo, mientras que el resto de empresas del sector editorial han tenido continuas variaciones tanto positivas como negativas.

Aun teniendo esta disponibilidad inicial de tesorería, las empresas no son capaces en la mayoría de los años de estudio de cubrir sus necesidades de tesorería relacionadas con operaciones de inversión. Y por lo tanto, tampoco les sobra tesorería suficiente para hacer frente a los pagos de las operaciones de financiación.

Tras la crisis económica, las empresas de mayor tamaño han tenido más necesidad de tesorería total debido especialmente a las operaciones de financiación. Por su parte, en las empresas medianas, dicha variable se ha reducido ya que han realizado menos inversiones, y en las pequeñas, la necesidad de tesorería total se ha mantenido relativamente estable casi todos los años menos en 2011. Este año se redujo bastante debido a la disminución de las necesidades de las operaciones de inversión y de financiación.

Por ello es que para cubrir toda la necesidad de tesorería total tienen que ayudarse de los cobros por desinversiones y principalmente recurrir a distintas fuentes de financiación como la emisión de instrumentos de patrimonio propio o acudir al pasivo financiero. De estos dos tipos de recursos financieros, los tres grupos de empresas suelen decantarse por el endeudamiento aunque cabe destacar la importancia de los recursos propios en los años 2012 y 2013 para las empresas grandes, y en el 2014, para las medianas.

Por otro lado, analizando solo los tres componentes principales del EFE como son las TGO, TGI y TGF de las tablas 14, 15 y 16, se podría determinar el ciclo de vida en el que se encuentran estas empresas a rasgos generales.

De esta manera, se observa que las empresas medianas y pequeñas se encuentran en un periodo de madurez. Al presentar unas TGO positivas, cubren parte de las inversiones necesarias para el mantenimiento de su capacidad productiva y reembolsan parte de la deuda (TGI y TGF negativas).

Sin embargo, las empresas más grandes han pasado por distintas etapas en el periodo 2008-2014. Inicialmente se encontraban en un periodo de crecimiento ya que con su actividad generaban excedente de tesorería (TGO positiva) aunque no la suficiente para cubrir los pagos de las inversiones necesarias para aumentar su capacidad productiva (TGI negativa). Por ello, estas empresas requerían de las aportaciones de socios y del endeudamiento para cubrir dichas inversiones (TGF positiva). Sin embargo, debido a la crisis económica, la situación de este grupo de empresas empeoró, llegando en 2010 a una fase de declive. Ese año, aunque la actividad de la empresa seguía generando tesorería (TGO positiva), las empresas ya no tenían expectativas de nuevas inversiones (TGI positiva) y dedicaban esta tesorería al pago de dividendos y reembolso de deuda (TGF negativa). A pesar de este bache, del 2012 en adelante, volvieron a un periodo de crecimiento.

6.4. Riesgo

6.4.1. Desarrollo financiero equilibrado

Recursos generados

Los recursos generados (RG) están formados por los recursos que genera la propia empresa. Para hallar esta variable, al resultado del ejercicio se le restan los ingresos no monetarios y se le suman los gastos no monetarios. También se le ajustan los beneficios y pérdidas de las operaciones de inversión y financiación.

Los tres grupos de empresas presentan unos recursos generados positivos todos los años, siendo las empresas de tamaño medio las que muestran unos valores más elevados. Es decir, con su actividad generan recursos internos con los cuales poder financiar operaciones de inversión y financiación.

Como se observa en la tabla 17, las empresas medianas y pequeñas presentan la misma tendencia. Aunque en los años 2010 y 2014 consiguieron aumentar sus RG, lo habitual ha sido que desde el comienzo de la crisis en 2008 hayan ido generando cada vez menos recursos. Las empresas de mayor tamaño han presentado una evolución similar. Sin embargo, no han sido capaces de remontar en el último año de estudio.

Tabla 17. Recursos generados

	2008	2009	2010	2011	2012	2013	2014
Grandes	119.690	66.904	131.907	150.926	35.901	35.860	8.752
Medianas	168.647	82.227	208.400	189.681	136.689	69.430	88.388
Pequeñas	92.879	72.622	77.111	63.553	49.034	31.689	35.244

Si se relaciona la tesorería generada por las actividades de explotación (TGO) con los recursos generados (RG), son cuatro las posibles situaciones en que se podrían encontrar las empresas y que se muestran en la siguiente figura:

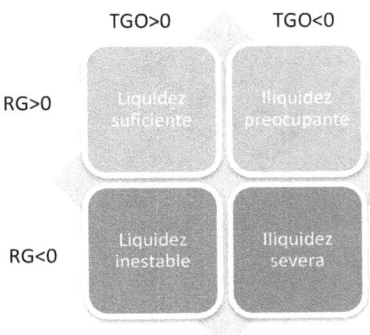

35

Las empresas del sector editorial se encuentran en una posición equilibrada de liquidez suficiente en el periodo 2008-2014, ya que tanto sus TGO como sus RG son positivos. Estas empresas generan recursos internos con su actividad y los consiguen convertir en liquidez, generando una tesorería suficiente para financiar parte de las salidas de tesorería que le generan las operaciones de inversión y/o financiación. Cuando mayor éxito se consigue en la explotación y en la política financiera de cobros y pagos es cuando las TGO se acercan más a los RG, como sucede en el año 2010 para las empresas medianas en el que presentan una TGO (208.694) y unos RG (208.400) prácticamente iguales.

Equilibrio financiero

En apartados anteriores, se ha visto que con sus TGO, las empresas de este sector no eran capaces de cubrir sus necesidades de tesorería y tenían que recurrir a políticas de desinversiones, a sus recursos propios y al endeudamiento.

En los indicadores del riesgo financiero de los anexos 16, 17 y 18, se aprecia de nuevo que estas empresas no son capaces de cubrir sus necesidades financieras ni siquiera con la suma de sus desinversiones, la financiación generada con sus recursos propios y sus recursos generados. Por lo tanto, presentan una necesidad financiera sin cubrir (tabla 18) positiva lo cual muestra que tienen fondos deficitarios y tienen que acudir a la deuda, estando así en una situación de desequilibrio, siendo las empresas pequeñas las que en mejor situación se encuentran al tener menos necesidades financieras sin cubrir.

Tabla 18. Necesidad financiera sin cubrir

	2008	2009	2010	2011	2012	2013	2014
Grandes	210.226	310.404	325.385	137.141	50.387	86.453	376.855
Medianas	260.513	93.830	144.940	45.109	175.132	195.377	51.803
Pequeñas	40.785	193.463	132.507	30.472	36.969	56.106	31.523

Al analizar el equilibrio financiero, las empresas se pueden encontrar en cuatro posiciones diferentes que quedan reflejadas en la figura siguiente:

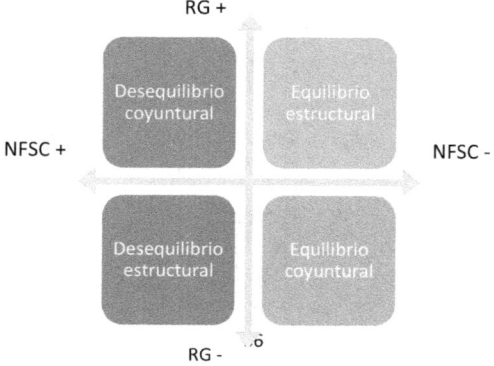

En este caso, los tres grupos presentan unos recursos generados y una necesidad financiera sin cubrir positivos. Por lo tanto, se encuentran en una situación de desequilibrio coyuntural, al no generar suficientes recursos y tener que recurrir a la deuda externa como se ha comentado anteriormente.

6.4.2. Autonomía financiera y capacidad de expansión

La autonomía financiera es la capacidad de una empresa para tomar decisiones de gestión, inversión y financiación, con independencia de terceros ajenos a la empresa. Unido a este concepto, se encuentra el de capacidad de expansión. Ésta se entiende como la capacidad de una empresa para financiar inversiones adicionales, generadas normalmente por un incremento de la actividad.

Autonomía financiera

Para el análisis de la autonomía financiera en el corto plazo se tienen en cuenta tres indicadores conjuntamente: el fondo de rotación, el ratio de cobertura de existencias y el saldo neto de tesorería. Sus correspondientes fórmulas, excepto la del fondo de rotación la cual ya viene desarrollada en la anterior sección, son:

$$Cobertura\ de\ existencias = \frac{Fondo\ de\ rotación}{Existencias}$$

$$Saldo\ neto\ de\ tesorería = Realizable\ cierto + Disponible - Pasivo\ corriente$$

Las empresas medianas y pequeñas se hallan siempre en la denominada "primera situación" al presentar un fondo de rotación y saldo neto de tesorería positivos, y un ratio de cobertura de existencias superior a 1 o 100% (apartado de AF c/p de los anexos 17 y 18). Por ello, se estima que presentaban una buena autonomía financiera y capacidad de expansión a corto plazo, fundamentadas en un bajo índice de endeudamiento a corto plazo. Esto implica que los terceros ajenos a la empresa tienen poca influencia sobre la toma de decisiones de gestión del circulante de estas empresas. También se considera como una opción el utilizar más el endeudamiento para financiar una posible expansión a corto plazo.

Por su parte, las empresas grandes se encontraron entre 2008 y 2012 en la "tercera situación", teniendo un fondo de rotación, ratio de cobertura de existencias y saldo neto de tesorería negativos (apartado de AF c/p del anexo 16). Se encontraban en una situación de ahogo financiero y una capacidad de expansión nula, al tener un índice de endeudamiento a corto plazo muy alto. Sin embargo, en el año 2013, las empresas de este grupo se recuperaron, llegando incluso a situarse en la "primera situación" interpretada anteriormente. A pesar de lo que parecía una posible mejora de la posición de estas empresas, en 2014 volvieron a empeorar situándose en una "segunda situación", con un fondo de rotación positivo, un ratio de cobertura de existencias positivo pero inferior a 1 y un saldo neto de tesorería negativo. Por lo tanto, ese año presentaban una autonomía financiera y una capacidad de expansión limitadas, teniendo los terceros ajenos mayor influencia en la toma de decisiones y disminuyendo la capacidad del endeudamiento para aportar mayor volumen de financiación.

Aumentando el horizonte temporal a tener en cuenta, se encuentran otros tres ratios a largo plazo: autonomía financiera, composición de capitales permanentes y endeudamiento.

El primero de ellos mide qué porcentaje del activo es financiado con recursos propios y su fórmula es:

$$Autonomía\ financiera = \frac{Recursos\ propios}{Activo\ total}$$

Gráfico 12. Autonomía financiera

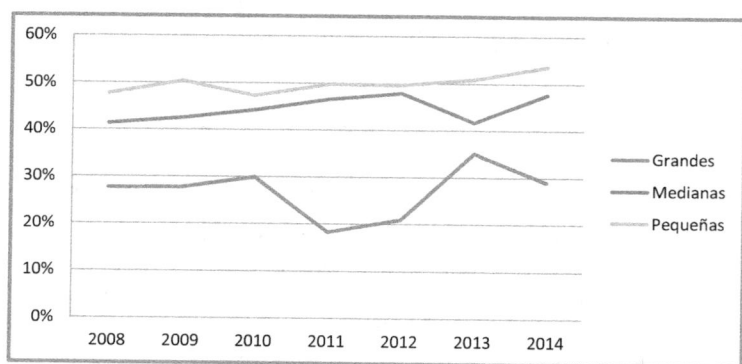

Como se observa en el gráfico 12, de nuevo las empresas de menor tamaño y las medianas son las que se encuentran en una mejor situación y relativamente estables, al presentar un valor más alto, de casi el 50%. Esto significa que casi la mitad de las inversiones las financian con sus fondos propios y que por lo tanto, los terceros ajenos tienen menos influencia sobre la toma de decisiones.

Sin embargo, las empresas grandes presentan valores inferiores, comenzando por una estabilidad inicial cercana al 28% y luego cayendo hasta el 18%, para después recuperarse de nuevo en torno al 30%. En general, se puede decir que se encuentran más influenciadas por las entidades ajenas a la empresa al financiar su activo más con endeudamiento que con sus propios recursos.

El segundo ratio, como su nombre indica, muestra la composición de los capitales permanentes, en concreto el porcentaje de la financiación a largo plazo que ha sido aportada por los prestamistas. Su expresión es:

$$Composición\ de\ los\ capitales\ permanentes = \frac{Pasivo\ exigible\ a\ largo\ plazo}{Capitales\ permanentes}$$

De acuerdo a este indicador de autonomía a l/p de los anexos 16, 17 y 18, las empresas grandes se financian algo más con financiación ajena a largo plazo que con recursos propios casi todos los años, especialmente en 2011, año en el que el valor de este ratio alcanza el 66,6%. Los otros dos grupos de empresas se mantienen bastante estables en cuanto a la proporción en la aportación entre recursos propios y ajenos, siendo mayor la primera. En base a estos datos, se observa que los dos grupos con menor número de trabajadores disponen de una mayor autonomía financiera a largo plazo.

Por último, se encuentra el ratio de endeudamiento con el cual se observa la proporción de la financiación que corresponde a los recursos ajenos en relación a la de los accionistas y cuya fórmula es:

$$Endeudamiento = \frac{Pasivo\ exigible}{Recursos\ propios}$$

Gráfico 13.Endeudamiento

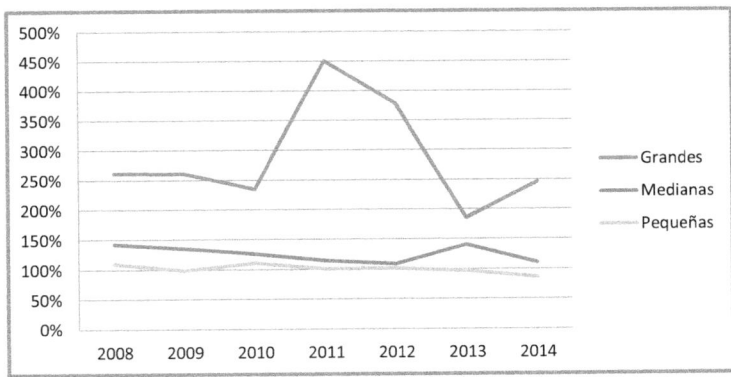

Teniendo en cuenta el gráfico 13, se observa que las empresas pequeñas son las que menos endeudadas están y además, que dicho endeudamiento ha ido disminuyendo a lo largo de los años. Por su parte, las medianas aunque presentan unos valores algo mayores de este ratio, han presentado una tendencia similar al grupo anterior a excepción del incremento en 2013 que se debió a la importante disminución de su patrimonio neto. Por ello, estos dos grupos de empresas presentan una mayor autonomía financiera y una mejor situación para expandirse a través de un incremento del endeudamiento que las empresas grandes, las cuales están mucho más endeudadas durante todo el periodo de estudio. Aun así cabe destacar lo muy endeudadas que estuvieron en el año 2011 así como su posterior recuperación en el periodo 2012-2013 gracias al aumento de sus fondos propios y la reducción de parte de las deudas.

Capacidad de expansión

Como ha quedado reflejado en el apartado anterior, las medianas y pequeñas empresas presentan una buena capacidad de expansión a corto plazo, mientras que las de mayor tamaño tienen dicha capacidad más limitada e incluso nula varios años.

Para analizar su capacidad de expansión a largo plazo, se tendrán en cuenta tanto la vía de la deuda como la vía de la autofinanciación. Comenzando por la primera vía comentada, uno de los ratios a analizar es el de la solvencia total o de garantía. Éste se halla a través de la siguiente fórmula:

$$Solvencia\ total = \frac{Activo\ total}{Pasivo\ exigible}$$

En el gráfico 14, se observa que los dos grupos de empresas con menos trabajadores son las más solventes, con unos valores entre el 170% y el 216%. Por lo tanto, son capaces de con sus activos hacer frente al pago de sus deudas sin alterar el normal desenvolvimiento de la empresa, al presentar en torno al doble de recursos que deudas y obligaciones. Además, esto implica que tienen mayor capacidad de expansión y da más seguridad a los acreedores.

Las empresas grandes también son solventes pero en menor medida, presentando unos valores entre el 122% y el 154% durante el periodo de estudio. Esto hace que tengan capacidad para expandirse a largo plazo y también den seguridad a los acreedores para que les presten dinero.

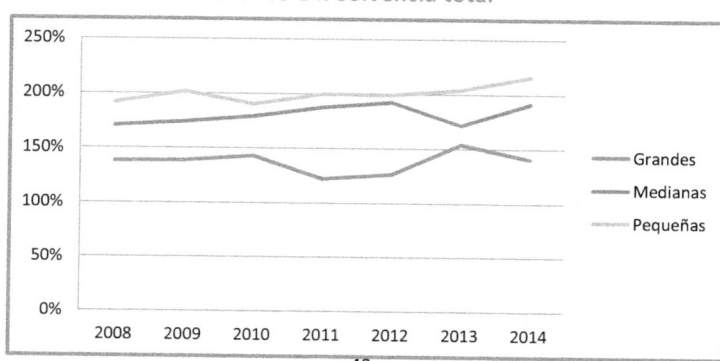

Gráfico 14. Solvencia total

Si se analizan otra serie de ratios como los indicadores de posibilidades de cancelación de deuda de los anexos 16, 17 y 18, se llega a unas conclusiones similares. Las empresas medianas y pequeñas tienen más facilidad de que las den créditos y por lo tanto, mayor capacidad de expansión vía endeudamiento. Esto se debe a que tanto con la tesorería que genera su actividad como con sus recursos generados, cubren más deuda que las empresas grandes.

La otra vía para expandirse es la de la autofinanciación, la cual está formada por los recursos que genera la propia empresa, una vez repartidos los dividendos. Además, se divide en dos tipos:

> De mantenimiento: su finalidad es mantener el valor de los activos. Está formada por la amortización y los deterioros.
> De enriquecimiento: son los recursos generados destinados a incrementar su capacidad productiva. Está formada por los beneficios retenidos, esto es, por las reservas.

Teniendo en cuenta estos conceptos y la autofinanciación de expansión de los anexos 16, 17 y 18, por lo general, las empresas grandes y medianas no tuvieron recursos propios suficientes para expandirse a largo plazo.

Tras el comienzo de la crisis, en 2009, las de menor tamaño tampoco disponían de recursos propios suficientes para expandirse ni para mantener su estructura. Esta situación cambió durante los dos años siguientes en los que generaron recursos con los que cubrir las amortizaciones y deterioros e incluso les sobraron, pudiendo dedicarlos a su proceso de expansión. En los años 2012 y 2013, de nuevo vieron frenada su capacidad de expansión vía autofinanciación, aunque se recuperaron ligeramente en 2014.

6.4.3. Desarrollo económico equilibrado

En esta sección se comparan los ingresos por ventas con los distintos gastos del ejercicio para ver cómo las empresas obtienen los resultados de su actividad. Con estos datos se ha hallado la cifra de ventas que necesitan alcanzar para empezar a obtener beneficios. También se han analizado sus estructuras de costes.

Lo primero que hay que determinar es qué tipos de ingresos y gastos se van a tener en cuenta. En cuanto a los ingresos sólo se cogerá el importe neto de la cifra de negocios ya que es el que proviene del desarrollo de su actividad principal. Dentro de los gastos, hay que distinguir entre:

> Gastos fijos: son los que no dependen del nivel de actividad de la empresa y son una cantidad determinada.
> Gastos variables: son los que varían con la cifra de ventas, por lo que si la actividad fuera nula, estos gastos serían prácticamente cero.

En este estudio se han escogido los aprovisionamientos y otros gastos de explotación como costes variables, mientras que como costes fijos se han utilizado los gastos de personal, la amortización del inmovilizado, el deterioro y resultado por enajenaciones de inmovilizado y los gastos financieros.

En resumen, se obtiene una cuenta de resultados resumida en el siguiente esquema:

> Ventas
> - Gastos variables
> = Margen Bruto Económico (MBE)
> - Gastos fijos
> = Beneficio

Teniendo en cuenta estas cuentas de resultados de los anexos 16, 17 y 18, se observa que los tres grupos de empresas presentan una estructura de costes en la que predominan los gastos variables. Dichos gastos son cubiertos con los ingresos por ventas, dando lugar a un margen económico bruto (MBE) positivo, el cual no es capaz de cubrir todos los gastos fijos ningún año en los dos grupos de mayor tamaño. Sin embargo, las empresas con menos de 50 trabajadores sí fueron capaces de cubrir ambos tipos de gasto así como obtener beneficios en determinados años, destacándose el 2008 en el que obtuvieron unas ganancias de 232.670 miles de euros.

Los primeros años tras el comienzo de la crisis, las empresas de mayor tamaño, ante una posible caída de las ventas sustituyeron gastos fijos por variables para asumir un menor riesgo al intentar alcanzar lo antes posible las ventas del punto muerto. A partir del 2011, decidieron disminuir ambos tipos de gastos. Esta decisión también fue la que tomaron los otros dos grupos de empresas ya desde el año 2008.

Además, según los índices de seguridad de los gastos variables y de los gastos fijos (anexos 16, 17 y 18), las empresas grandes y medianas no pueden aumentar ninguno de estos costes sin aumentar aún más sus pérdidas. Sin embargo, las de menor tamaño podrían aumentar ambos, especialmente los variables, en determinados años. Por ejemplo, en 2008, podrían haber aumentado sus gastos variables en un 160,3% y sus gastos fijos en un 62,8% sin sufrir pérdidas.

Punto muerto

El punto muerto, también conocido como punto de equilibrio, es el importe de ventas con el que se cubren los gastos fijos y variables, y a partir del cual se empiezan a obtener beneficios. Su cálculo se realiza a través de la siguiente expresión:

$$Punto\ muerto = \frac{Gastos\ fijos}{MBE\ \%}$$

De acuerdo a la tabla 19, las empresas pequeñas son las que presentan un valor de punto muerto inferior, por lo que son las que más pronto pueden conseguir beneficios. Esta situación se corrobora en las cuentas de resultados de los anexos 16, 17 y 18 ya que son el único grupo capaz de obtener resultados positivos algunos años.

Los otros dos grupos presentan unas ventas inferiores a la cantidad de punto muerto, obteniendo así todos los años pérdidas. Sin embargo, las de tamaño medio cada vez han necesitado menos ventas para empezar a obtener beneficios. En el caso de las grandes cabe destacar el notable aumento de esta variable en 2011 debido al importante aumento de los gastos fijos.

Tabla 19. Punto muerto

	2008	2009	2010	2011	2012	2013	2014
Grandes	2.028.379	2.305.596	2.112.457	3.586.951	3.255.190	1.975.289	1.637.494
Medianas	3.234.468	3.151.299	2.660.899	2.653.107	2.771.186	2.590.183	2.003.706
Pequeñas	287.517	826.429	596.977	573.381	620.925	581.098	399.239

Además, como ya se ha comentado anteriormente, todo este sector presenta una estructura de costes basada más en los gastos variables, intentando así asumir menos riesgo al necesitar una cifra de ventas inferior para obtener beneficios.

Observando el índice de absorción de gastos, se aprecia que gran parte de las empresas del sector editorial tienen que realizar más del 100% de sus ventas para cubrir costes, sobre todo las empresas grandes, lo que conlleva un elevado riesgo operativo.

Por ello, según el índice de margen de seguridad (anexo 18), sólo las empresas pequeñas podrían haber visto disminuidas sus ventas y aun así seguir obteniendo beneficios algunos años, como también sucedía en los índices de seguridad de los gastos fijos y variables.

Apalancamiento operativo

El apalancamiento operativo mide cómo se modifica el beneficio económico ante variaciones en las ventas. Su objetivo es poder ver el efecto palanca que provocan los gastos fijos de explotación sobre el resultado empresarial. Su expresión simplificada es:

$$AO = 1 + \frac{GF}{B^{\underline{o}}}$$

Como se observa en los anexos 16, 17 y 18, los tres grupos de empresas presentan un apalancamiento positivo (Ao>1). Es decir, el beneficio económico ha variado en un porcentaje mayor al que variaron las ventas. Esta es su situación todos los años a excepción del año 2008 para las pequeñas, en el que este beneficio aumentó en una proporción menor que sus ventas al tener un apalancamiento negativo (Ao<1).

7. Conclusiones

Finalmente, en este último apartado se presentan una serie de conclusiones de los apartados de rentabilidad, liquidez y riesgo, comparando además las empresas del sector editorial en función de su tamaño. También se ha elaborado un DAFO en el que se aprecia cuáles son por lo general las debilidades, amenazas, fortalezas y oportunidades de las empresas de este sector.

Rentabilidad

- En general, desde el comienzo de la crisis económica, todas las empresas de este sector han visto reducido su importe neto de la cifra de negocios.
- Las partidas que más coste le suponen a estas empresas son los ligados a su actividad (aprovisionamientos y otros gastos de explotación). Independientemente de su tamaño, en todas ellas la importancia del coste de ventas ha ido reduciéndose mientras que la de los otros gastos de explotación se ha mantenido estable o aumentado ligeramente.
- El sector editorial presenta resultados ajustados con escaso margen de beneficio, incluso con pérdidas significativas para las empresas de mayor tamaño en el bienio 2011-2012.
- La relativa estabilidad del margen bruto comercial se debe a que las ventas y los aprovisionamientos han presentado una evolución similar durante todo el periodo de estudio.
- Es posible que las empresas grandes tengan menos empleados que las medianas porque deleguen a otras empresas alguna actividad como la distribución de los productos.
- Aunque el gasto de personal absorbe parte del margen de ventas, las empresas de menor tamaño de este sector han conseguido aumentar su productividad por trabajador casi todos los años. Sin embargo, las empresas grandes y medianas han visto esta variable disminuida por el aumento del número de trabajadores y por la reducción de las ventas respectivamente.
- Decrecimiento continuo de su nivel de inversión, siendo las pequeñas las más afectadas.
- Las empresas de este sector difieren en su estructura económica en función de su tamaño. En las grandes predomina la inversión a largo aunque esta tendencia se atenúa con el paso de los años, en las medianas existe un equilibrio entre la inversión a largo y a corto plazo, y en las pequeñas hay una preponderancia del activo circulante.
- En el inmovilizado predominan las inversiones financieras a largo plazo con empresas del grupo y asociadas, especialmente en instrumentos de patrimonio.

- En el circulante es muy importante el peso del realizable cierto, concretamente de los deudores comerciales (clientes por ventas y prestaciones de servicios).
- La estructura financiera pone de manifiesto la participación prácticamente a partes iguales de la financiación propia y ajena en el caso de las empresas pequeñas y medianas. Sin embargo, en las grandes predomina sin duda la financiación exigible.
- Dentro del pasivo, predomina el endeudamiento a corto plazo para todas ellas. Además, se financian más a través de acreedores comerciales que de entidades de crédito.
- Las empresas de este sector presentan unas rentabilidades de fondos propios positivas en los años analizados a excepción de las bruscas pérdidas sufridas por las empresas de mayor tamaño en los años 2011 y 2012.
- Como factores económicos destaca que la rotación es mayor que el margen de ventas. Sin embargo, son los cambios de esta última variable, concretamente de los resultados del ejercicio los que provocan las variaciones de la rentabilidad económica. Es decir, que las empresas de este sector intentan vender el máximo a pesar de obtener unos márgenes de beneficio unitario más ajustados.
- Los factores financieros ponen de manifiesto que el efecto del apalancamiento financiero contribuye a que los aumentos y disminuciones de la rentabilidad sean más fuertes.

Liquidez

- El circulante genera un déficit financiero (NFRE y NFR) decreciente en el caso de las empresas medianas y pequeñas, el cual necesitan cubrir utilizando fondos del largo plazo (FR+). Sin embargo, las empresas grandes presentan un superávit financiero (NFR) gracias al circulante, que no es íntegramente absorbido por el disponible, dando lugar a un posible problema financiero (FR-), el cual remite en los años 2013-2014.
- La aplicación de las políticas de gestión del circulante no ha sido muy buena para ninguna de las empresas del sector editorial ya que la financiación de explotación financia solo una ínfima parte de la inversión de este tipo.
- Todas las empresas del sector editorial español tienen un periodo de cobro superior al periodo de pago. Esto implica que pagan a los proveedores antes de recibir el cobro de sus clientes, lo cual no es la mejor situación.
- Los dos grupos de empresas más pequeños son solventes a corto plazo ya que patrimonialmente tienen cubierto su endeudamiento de corto plazo mientras que las grandes presentan problemas de liquidez y se encuentran en una situación de insolvencia teórica. Sin embargo, todas las empresas de este sector tienen problemas de liquidez inmediata al no tener muchos de los recursos necesarios para los pagos en líquido.

- A largo plazo todas son solventes, especialmente las pequeñas ya que su endeudamiento está casi asegurado con el doble de recursos.
- A través de la explotación, las empresas de este sector crean excedentes de liquidez gracias a las políticas en su actividad (generación de recursos) y algunos años a la combinación de éstas con las políticas financieras de cobros-pagos (diferimientos de tesorería).
- Estos recursos disponibles los destinan a cubrir una parte de las salidas de liquidez provocadas por las operaciones de inversión, las cuales se han visto reducidas casi todos los años desde el comienzo de la crisis económica.
- Los escasos años en los que consiguen cubrir toda la inversión, la otra parte de los recursos disponibles los dedican a mejorar la posición de los accionistas con el pago de dividendos, y a la devolución de deudas con entidades de crédito y con empresas del grupo.
- La parte de necesidades financieras que no consiguen cubrir con los recursos generados con su actividad habitual, los cubren con las entradas de liquidez de las operaciones de desinversión y sobre todo recurriendo a diversas fuentes de financiación, especialmente a través del endeudamiento.

Riesgo

- El signo de la necesidad financiera sin cubrir sintetiza la posición de equilibrio financiero, encontrándose todas las empresas de este sector en una situación de desequilibrio coyuntural en el periodo 2008-2014.
- Los recursos que generan estas empresas no son suficientes para cubrir la necesidad financiera neta, ya que en reglas generales han ido disminuyendo sus recursos generados dificultando su utilización para financiar las operaciones de inversión y financiación.
- La posición de desequilibrio se matiza porque la necesidad financiera se cubre con los recursos que se espera que generen las inversiones acometidas por las empresas y algunos años también con los excedentes de tesorería.
- El uso del endeudamiento para ayudar a cubrir esta necesidad financiera sí es significativo, especialmente en el caso de las empresas grandes.
- Las empresas de menor tamaño presentan una buena autonomía financiera, por lo que los terceros ajenos ejercen poca influencia sobre sus decisiones de gestión de circulante. Sin embargo, en las empresas grandes a pesar de la aparente recuperación de 2013, se siguen encontrando en una situación de ahogo financiero lo que permite a los terceros ejercer más presión en la toma de decisiones.
- Las medianas y pequeñas empresas tienen una buena capacidad de expansión a corto plazo, mientras que las grandes presentan una capacidad de expansión muy limitada e incluso nula gran parte de los años.

- A largo plazo, se observa que las pequeñas y medianas son las que mejor autonomía financiera presentan ya que en su modelo financiero dan más peso a la financiación propia.
- Todas las empresas de este sector tienen asegurada su capacidad de expansión a largo plazo vía deuda aunque las grandes en menor medida. Sin embargo, a través de la autofinanciación, solo tienen capacidad para expandirse las grandes en los años 2008 y 2014, y las pequeñas en determinados años.
- Las empresas de este sector presentan un elevado riesgo operativo al tener que realizar más del 100% de sus ventas para cubrir costes la mayoría de los años, especialmente las de mayor tamaño.
- Desde el comienzo de la crisis económica, su estructura de costes es intensiva en gasto variable para asumir un menor riesgo.

DAFO

FORTALEZAS
- Estructura financiera equilibrada (M y P)
- Solvencia a l/p (G, M y P)
- Generación de recursos (G, M y P)
- Autonomía financiera y capacidad de expansión a c/p (P y M)

DEBILIDADES
- Rentabilidad (G,M y P)
- Solvencia a c/p (G)
- Autonomía financiera y capacidad de expansión a c/p (G)
- Endeudamiento (G y M)
- Riesgo operativo (G, M y P)

DAFO

OPORTUNIDADES
- Comercio electrónico
- Ediciones online
- Promoción en redes sociales
- Exportación a países de habla hispana

AMENAZAS
- Contenido online gratuito
- Crisis económica
- Nuevos competidores (Amazon, E-bay...)

**En los bloques de fortalezas y debilidades, las letras entre paréntesis hacen referencia al tamaño de las empresas (Grandes, Medianas y Pequeñas).

8. Anexos

Anexo 1. Balance de situación agregado de las empresas grandes

ACTIVO	2008	2009	2010	2011	2012	2013	2014	Nº ÍNDICE 2008-2014
A) Activo no corriente	2.342.722	2.356.151	2.219.386	1.844.702	1.359.945	1.359.093	1.061.468	45,30%
I Inmovilizado intangible	889.672	855.286	833.620	460.800	200.770	203.611	108.745	12,20%
1. Desarrollo	154	137	5.191	163	6.580	6.259	2.066	1341,60%
2. Concesiones	n.d.	n.d.	n.d.	n.d.	n.d.	n.d.	n.d.	
3. Patentes, licencias, marcas y similares	11.177	6.653	8.471	7.280	8.551	9.815	7.774	69,60%
4. Fondo de comercio	740.012	707.512	759.985	311.091	122.603	131.854	56.633	7,70%
5. Aplicaciones informáticas	15.999	14.779	17.492	15.799	16.021	17.285	11.606	72,50%
6. Investigación	n.d.	n.d.	n.d.	n.d.	2.610	n.d.	n.d.	
7. Otro inmovilizado intangible	43.145	45.245	42.480	37.569	44.337	38.190	30.666	71,10%
II Inmovilizado material	108.016	99.115	90.223	64.243	65.204	57.085	45.713	42,30%
1. Terrenos y construcciones	50.541	42.124	39.221	19.027	13.854	17.393	16.471	32,60%
2. Instalaciones técnicas y otro inmovilizado material	54.046	53.263	49.779	39.596	49.994	38.951	28.633	53,00%
3. Inmovilizado en curso y anticipos	938	1.418	1.174	2.425	1.287	724	609	64,90%
III Inversiones inmobiliarias	3.757	23.177	22.071	23.245	27.464	25.813	21.529	573,00%
1. Terrenos	795	7.050	7.050	7.657	10.001	10.001	6.501	817,70%
2. Construcciones	2.962	16.127	15.020	15.588	17.463	15.812	15.028	507,40%
IV Inversiones en empresas del grupo y asociadas a largo plazo	1.121.824	1.159.186	1.054.252	1.032.806	826.509	853.218	722.591	64,40%
1. Instrumentos de patrimonio	699.158	739.190	760.964	729.782	548.107	587.061	685.969	98,10%
2. Créditos a empresas	410.171	409.516	292.182	292.941	266.169	253.787	36.622	8,90%
3. Valores representativos de deuda	n.d.	n.d.	n.d.	n.d.	n.d.	n.d.	n.d.	
4. Derivados	n.d.	n.d.	n.d.	n.d.	n.d.	n.d.	n.d.	
5. Otros activos financieros	264	285	1.106	9.294	12.233	12.369	n.d.	
6. Otras inversiones	n.d.	n.d.	n.d.	n.d.	n.d.	n.d.	n.d.	
V Inversiones financieras a largo plazo	6.674	23.404	23.697	21.895	24.413	13.794	26.609	398,70%
1. Instrumentos de patrimonio	576	580	585	235	235	291	6.577	1141,80%
2. Créditos a terceros	1.869	17.710	17.905	16.003	18.176	7.161	11.942	639,00%
3. Valores representativos de deuda	n.d.	n.d.	n.d.	n.d.	n.d.	n.d.	3.000	
4. Derivados	n.d.	n.d.	n.d.	n.d.	n.d.	n.d.	n.d.	
5. Otros activos financieros	3.557	4.448	4.998	5.100	5.966	6.307	5.090	143,10%
6. Otras inversiones	175	206	208	n.d.	n.d.	n.d.	n.d.	
VI Activos por impuesto diferido	80.978	79.296	91.696	149.163	136.540	130.565	62.778	77,50%
VII Deudas comerciales no corrientes	131.800	116.686	103.828	92.550	79.046	75.007	73.502	55,80%
B) Activo corriente	969.843	1.053.369	1.065.752	1.002.346	934.700	857.886	850.747	87,70%
I Activos no corrientes mantenidos para la venta	748	1	1.725	n.d.	n.d.	n.d.	n.d.	
II Existencias	141.741	134.026	122.062	125.235	112.242	86.602	63.820	45,00%
1. Comerciales	50.545	47.228	53.410	53.859	51.816	37.734	26.947	53,30%
2. Materias primas y otros aprovisionamientos	30.867	30.326	25.052	23.800	17.635	15.660	13.184	42,70%
3. Productos en curso	8.924	9.493	3.575	3.629	2.855	3.066	2.113	23,70%
a) De ciclo largo de producción	n.d.	n.d.	n.d.	n.d.	n.d.	n.d.	n.d.	
b) De ciclo corto de producción	8.924	9.493	3.575	3.629	2.855	3.066	2.113	23,70%
4. Productos terminados	49.401	44.898	39.144	42.589	39.257	29.773	21.356	43,20%
a) De ciclo largo de producción	n.d.	n.d.	n.d.	n.d.	n.d.	n.d.	n.d.	
b) De ciclo corto de producción	49.401	44.898	39.144	42.589	39.257	29.773	21.356	43,20%
5. Subproductos, residuos y materiales recuperados	n.d.	n.d.	n.d.	n.d.	n.d.	n.d.	n.d.	
6. Anticipos a proveedores	943	888	614	714	679	369	221	23,40%
III Deudores comerciales y otras cuentas a cobrar	505.356	579.473	549.526	507.269	491.293	462.378	355.068	70,30%
1. Clientes por ventas y prestaciones de servicios	318.035	329.804	377.353	330.318	299.669	267.418	224.848	70,70%
a) Clientes por ventas y prestaciones de servicios a largo plazo	n.d.	57.041	n.d.	12.093	30.361	37.264	27.507	
b) Clientes por ventas y prestaciones de servicios a corto plazo	318.035	272.762	377.353	318.226	269.308	230.154	197.341	62,10%
2. Clientes empresas del grupo y asociadas	120.694	197.201	145.264	127.422	161.355	165.096	111.252	92,20%
3. Deudores varios	23.974	18.464	12.745	12.112	10.883	10.319	7.073	29,50%
4. Personal	3.622	3.529	3.333	3.007	2.704	2.514	1.839	50,80%
5. Activos por impuesto corriente	238	1.035	1.880	2.910	4.619	5.052	2.971	1248,30%
6. Otros créditos con las Administraciones Públicas	5.502	7.678	8.410	8.905	10.791	11.082	7.084	128,80%
7. Accionistas (socios) por desembolsos exigidos	n.d.	n.d.	n.d.	n.d.	n.d.	n.d.	n.d.	
IV Inversiones en empresas del grupo y asociadas a corto plazo	199.309	281.776	337.408	289.133	265.134	276.217	397.714	199,50%
1. Instrumentos de patrimonio	n.d.	n.d.	n.d.	n.d.	n.d.	n.d.	n.d.	
2. Créditos a empresas	150.239	220.628	250.613	208.022	174.149	190.050	368.490	245,30%
3. Valores representativos de deuda	149	488	748	n.d.	n.d.	n.d.	n.d.	
4. Derivados	n.d.	n.d.	n.d.	n.d.	n.d.	n.d.	n.d.	
5. Otros activos financieros	28.955	34.648	85.730	42.039	90.985	86.024	29.223	100,90%
6. Otras inversiones	n.d.	n.d.	317	n.d.	n.d.	n.d.	n.d.	
V Inversiones financieras a corto plazo	74.402	8.014	10.203	27.017	8.769	3.950	4.772	6,40%
1. Instrumentos de patrimonio	6	1.003	n.d.	10	5	1	n.d.	
2. Créditos a empresas	72.591	2.244	1.794	1.321	843	577	131	0,20%
3. Valores representativos de deuda	n.d.	n.d.	3.119	67	428	243	12	
4. Derivados	n.d.	n.d.	n.d.	n.d.	n.d.	n.d.	n.d.	
5. Otros activos financieros	132	1.125	5.185	23.284	7.493	3.129	4.474	3389,40%
6. Otras inversiones	37	413	98	n.d.	n.d.	n.d.	155	418,90%
VI Periodificaciones a corto plazo	2.719	2.405	3.916	3.526	2.450	2.489	2.693	99,00%
VII Efectivo y otros activos líquidos equivalentes	45.568	47.676	40.911	50.167	54.813	26.249	26.680	58,50%
1. Tesorería	40.197	44.071	37.593	42.442	50.677	23.689	26.680	66,40%
2. Otros activos líquidos equivalentes	2.150	2.135	3.174	6.846	3.975	2.510	n.d.	
Total activo (A + B)	3.312.565	3.409.520	3.285.138	2.847.049	2.294.645	2.216.980	1.912.215	57,70%

49

PASIVO	2008	2009	2010	2011	2012	2013	2014	Nº ÍNDICE 2008-2014
A) Patrimonio neto	915.840	945.821	982.766	517.122	479.499	777.049	553.767	60,50%
A-1) Fondos propios	915.248	945.275	982.287	516.729	479.162	776.404	553.207	60,40%
I Capital	208.020	225.081	250.875	250.775	324.571	312.134	281.361	135,30%
1. Capital escriturado	208.020	225.081	250.875	250.775	324.571	312.134	281.361	135,30%
2. (Capital no exigido)	n.d.	n.d.	n.d.	n.d.	n.d.	n.d.	n.d.	
II Prima de emisión	276.501	331.959	368.131	316.296	487.892	373.418	297.078	107,40%
III Reservas	405.289	423.488	436.627	415.187	416.653	364.630	253.591	62,60%
1. Legal y estatutarias	36.213	37.148	43.896	36.880	33.731	34.129	37.220	102,80%
2. Otras reservas	356.463	376.925	392.727	345.168	382.795	330.131	216.370	60,70%
IV (Acciones y participaciones en patrimonio propias)	n.d.	n.d.	n.d.	n.d.	n.d.	n.d.	n.d.	
V Resultados de ejercicios anteriores	-68.731	-46.199	-98.241	-130.816	-269.282	-217.175	-299.018	435,10%
1. Remanente	n.d.	n.d.	n.d.	n.d.	n.d.	n.d.	n.d.	
2. (Resultados negativos de ejercicios anteriores)	-47.909	-35.302	-98.271	-130.816	-269.282	-217.175	-299.018	624,10%
VI Otras aportaciones de socios	n.d.	260	250	n.d.	n.d.	n.d.	n.d.	
VII Resultado del ejercicio	64.611	14.687	24.645	-329.263	-480.673	-56.603	20.195	31,30%
VIII (Dividendo a cuenta)	n.d.	-4.000	n.d.	-5.450	n.d.	n.d.	n.d.	
IX Otros instrumentos de patrimonio neto	29.557	n.d.	n.d.	n.d.	n.d.	n.d.	n.d.	
A-2) Ajustes por cambios de valor	n.d.	n.d.	n.d.	n.d.	n.d.	n.d.	n.d.	
I Activos financieros disponibles para la venta	n.d.	n.d.	n.d.	n.d.	n.d.	n.d.	n.d.	
II Operaciones de cobertura	n.d.	n.d.	n.d.	n.d.	n.d.	n.d.	n.d.	
III Activos no corrientes y pasivos vinculados, mantenidos para la venta	n.d.	n.d.	n.d.	n.d.	n.d.	n.d.	n.d.	
IV Diferencia de conversión	n.d.	n.d.	n.d.	n.d.	n.d.	n.d.	n.d.	
V Otros	n.d.	n.d.	n.d.	n.d.	n.d.	n.d.	n.d.	
A-3) Subvenciones, donaciones y legados recibidos	592	546	479	393	337	645	560	94,60%
B) Pasivo no corriente	1.080.159	942.082	1.075.319	1.029.009	647.847	782.144	518.972	48,00%
I Provisiones a largo plazo	26.934	16.423	11.915	14.009	18.461	24.798	9.172	34,10%
1. Obligaciones por prestaciones a largo plazo al personal	3.513	2.960	2.545	2.367	365	372	224	6,40%
2. Actuaciones medioambientales	n.d.	n.d.	n.d.	n.d.	n.d.	n.d.	n.d.	
3. Provisiones por reestructuración	n.d.	n.d.	n.d.	n.d.	5.873	4.351	732	
4. Otras provisiones	23.076	13.119	9.370	11.439	12.223	20.075	8.216	35,60%
II Deudas a largo plazo	162.493	129.231	26.353	23.775	27.358	36.328	36.400	22,40%
1. Obligaciones y otros valores negociables	n.d.	n.d.	6	n.d.	6	6	n.d.	
2. Deudas con entidades de crédito	154.835	127.769	24.663	19.839	20.673	28.128	30.497	19,70%
3. Acreedores por arrendamiento financiero	24	113	112	170	133	260	123	512,50%
4. Derivados	n.d.	n.d.	n.d.	n.d.	n.d.	n.d.	n.d.	
5. Otros pasivos financieros	7.565	1.340	1.572	1.247	6.546	7.934	5.779	76,40%
III Deudas con empresas del grupo y asociadas a largo plazo	824.089	742.082	980.868	946.519	563.163	578.566	450.615	54,70%
IV Pasivos por impuesto diferido	65.557	52.509	54.337	43.594	37.711	38.124	20.131	30,70%
V Periodificaciones a largo plazo	1.087	1.837	1.846	1.112	1.155	2.268	2.654	244,20%
VI Acreedores comerciales no corrientes	n.d.	n.d.	n.d.	n.d.	n.d.	n.d.	n.d.	
VII Deuda con características especiales a largo plazo	n.d.	n.d.	n.d.	n.d.	n.d.	102.060	n.d.	
C) Pasivo corriente	1.316.566	1.521.617	1.227.054	1.300.918	1.167.299	657.787	839.476	63,80%
I Pasivos vinculados con activos no corrientes mantenidos para la venta	n.d.	n.d.	n.d.	n.d.	n.d.	n.d.	n.d.	
II Provisiones a corto plazo	44.933	31.754	33.942	35.287	41.231	31.119	34.141	76,00%
III Deudas a corto plazo	320.615	314.494	86.230	56.269	55.763	51.673	55.608	17,30%
1. Obligaciones y otros valores negociables	n.d.	n.d.	n.d.	n.d.	n.d.	n.d.	n.d.	
2. Deudas con entidades de crédito	286.938	308.910	84.514	52.314	54.998	49.665	54.009	18,80%
3. Acreedores por arrendamiento financiero	305	93	90	75	75	150	154	50,50%
4. Derivados	46	51	n.d.	48	n.d.	n.d.	n.d.	
5. Otros pasivos financieros	32.170	2.514	1.626	1.224	674	1.840	1.445	4,50%
IV Deudas con empresas del grupo y asociadas a corto plazo	418.901	615.226	591.908	710.759	621.018	140.064	397.321	94,80%
V Acreedores comerciales y otras cuentas a pagar	486.813	510.544	467.425	452.552	401.934	388.436	327.483	67,30%
1. Proveedores	101.295	107.283	110.918	101.681	95.780	104.910	75.043	74,10%
a) Proveedores a largo plazo	n.d.	n.d.	n.d.	4.883	7.136	3.843	2.163	
b) Proveedores a corto plazo	101.295	107.283	110.918	96.798	88.644	101.066	72.880	71,90%
2. Proveedores, empresas del grupo y asociadas	202.757	211.174	193.768	162.840	123.400	111.392	125.495	61,90%
3. Acreedores varios	96.377	106.979	92.283	104.990	96.447	88.894	75.598	78,40%
4. Personal (remuneraciones pendientes de pago)	33.015	34.102	38.867	36.060	44.610	41.782	29.255	88,60%
5. Pasivos por impuesto corriente	3.916	1.489	1.096	1.549	2.038	1.067	1.541	39,40%
6. Otras deudas con las Administraciones Públicas	15.202	23.548	22.960	24.933	29.279	33.169	15.500	102,00%
7. Anticipos de clientes	7.151	3.871	6.545	6.568	9.392	6.740	5.052	70,60%
VI Periodificaciones a corto plazo	45.304	25.905	47.549	46.051	47.353	46.495	24.922	55,00%
VII Deuda con características especiales a corto plazo	n.d.	23.693	n.d.	n.d.	n.d.	n.d.	n.d.	
Total patrimonio neto y pasivo (A + B + C)	3.312.565	3.409.520	3.285.138	2.847.049	2.294.645	2.216.980	1.912.215	57,70%

Anexo 2. Cuenta de resultados agregada de las empresas grandes

	2008	2009	2010	2011	2012	2013	2014	Nº ÍNDICE 2008-2014
A) Operaciones continuadas								
1. Importe neto de la cifra de negocios	1.306.857	1.620.212	1.658.500	1.582.743	1.427.419	1.345.792	1.115.763	85,40%
a) Ventas	1.076.218	1.237.974	1.352.733	1.215.513	1.195.079	1.149.809	1.001.197	93,00%
b) Prestaciones de servicios	126.801	280.823	302.856	276.856	224.374	186.671	114.566	90,40%
2. Variación de existencias de productos terminados y en curso de fabricación	10.644	-4.975	-18.290	-96	-10.860	-7.903	159	1,50%
3. Trabajos realizados por la empresa para su activo	5.172	3.097	3.909	4.887	4.929	4.202	1.576	30,50%
4. Aprovisionamientos	-571.213	-626.491	-576.625	-568.646	-519.879	-485.301	-379.959	66,50%
a) Consumo de mercaderías	-327.410	-415.578	-392.252	-372.727	-347.606	-333.069	-271.799	83,00%
b) Consumo de materias primas y otras materias consumibles	-124.446	-91.278	-86.587	-86.018	-77.745	-66.557	-52.841	42,50%
c) Trabajos realizados por otras empresas	-100.447	-90.357	-93.615	-96.986	-93.329	-78.579	-54.526	54,30%
d) Deterioro de mercaderías, materias primas y otros aprovisionamientos	-1.808	-11.142	-1.445	1.324	-1.199	-869	-792	43,80%
5. Otros ingresos de explotación	144.323	110.768	109.002	106.489	96.611	96.133	77.961	54,00%
a) Ingresos accesorios y otros de gestión corriente	140.962	107.179	107.256	101.909	95.462	95.146	76.088	54,00%
b) Subvenciones de explotación incorporadas al resultado del ejercicio	1.668	1.895	1.729	1.106	1.100	968	1.874	112,40%
6. Gastos de personal	-345.915	-378.458	-386.114	-388.022	-400.120	-370.987	-307.898	89,00%
a) Sueldos, salarios y asimilados	-246.506	-277.357	-309.744	-285.438	-323.908	-292.635	-244.112	99,00%
b) Cargas sociales	-62.171	-63.100	-73.435	-65.345	-72.871	-72.882	-59.926	96,40%
c) Provisiones	-2.618	-2.481	-2.832	-2.426	-2.784	-3.200	-3.860	147,40%
7. Otros gastos de explotación	-396.491	-622.244	-662.855	-622.729	-555.285	-526.864	-471.452	118,90%
a) Servicios exteriores	-344.403	-566.602	-610.759	-570.641	-530.505	-497.102	-454.476	132,00%
b) Tributos	-1.760	-2.963	-2.307	-2.981	-2.148	-2.540	-2.000	113,60%
c) Pérdidas, deterioro y variación de provisiones por operaciones comerciales	-7.046	-16.992	-18.662	-15.666	-14.701	-19.185	-7.398	105,00%
d) Otros gastos de gestión corriente	-14.160	-7.898	-30.973	-8.082	-7.818	-7.729	-7.579	53,50%
8. Amortización del inmovilizado	-54.725	-55.955	-48.777	-53.527	-51.602	-43.840	-35.695	65,20%
9. Imputación de subvenciones de inmovilizado no financiero y otras	559	234	98	173	60	119	54	9,70%
10. Excesos de provisiones	5.443	2.700	2.896	1.026	2.091	11.347	5.562	102,20%
11. Deterioro y resultado por enajenaciones del inmovilizado	-9.489	-25.741	-17.765	-375.607	-273.345	-12.879	-10.411	109,70%
a) Deterioro y pérdidas	-8.700	-35.753	-24.640	-381.549	-271.963	-11.281	-10.247	117,80%
b) Resultados por enajenaciones y otras	-402	10.012	6.875	5.942	-1.382	-1.542	-165	41,00%
12. Diferencia negativa de combinaciones de negocio	n.d.	n.d.	n.d.	n.d.	n.d.	n.d.	n.d.	
13. Otros resultados	-264	-335	-132	-1.371	783	-287	-355	134,50%
A1) Resultado de explotación (1+2+3+4+5+6+7+8+9+10+11+12+13)	94.902	22.813	63.847	-314.680	-279.199	9.533	-4.693	
14. Ingresos financieros	82.464	48.236	59.779	45.010	42.654	39.686	34.231	41,50%
a) De participaciones en instrumentos de patrimonio	46.697	10.095	36.446	18.897	22.241	19.246	7.898	16,90%
a) En empresas del grupo y asociadas	46.330	10.094	36.420	18.818	22.138	19.223	7.824	16,90%
b) En terceros	367	1	26	79	103	23	74	20,20%
b) De valores negociables y otros instrumentos financieros	34.926	28.305	23.333	24.139	20.405	20.439	26.333	75,40%
a) De empresas del grupo y asociadas	28.671	20.457	18.218	16.057	15.136	14.866	21.814	76,10%
b) De terceros	6.254	7.848	5.116	8.082	5.269	5.572	4.520	72,30%
c) Imputación de subvenciones, donaciones y legados de carácter financiero	n.d.	n.d.	n.d.	n.d.	n.d.	n.d.	n.d.	
15. Gastos financieros	-116.272	-61.386	-57.760	-69.579	-53.475	-50.376	-33.959	29,20%
a) Por deudas con empresas del grupo y asociadas	-78.742	-45.439	-48.722	-60.559	-47.664	-43.177	-27.426	34,80%
b) Por deudas con terceros	-36.522	-15.215	-8.622	-8.390	-5.767	-7.154	-6.533	17,90%
c) Por actualización de provisiones	-355	-375	-415	-401	n.d.	n.d.	n.d.	
16. Variación de valor razonable en instrumentos financieros	n.d.	-5	n.d.	-9	-54	38	12	
a) Cartera de negociación y otros	n.d.	-5	n.d.	-9	-54	38	12	
b) Imputación al resultado del ejercicio por activos financieros disponibles para la venta	n.d.	n.d.	n.d.	n.d.	n.d.	n.d.	n.d.	
17. Diferencias de cambio	126	-578	-69	-79	-496	-677	-107	
18. Deterioro y resultado por enajenaciones de instrumentos financieros	3.153	27.423	-38.055	-44.913	-173.270	-37.696	64.178	2035,50%
a) Deterioros y pérdidas	3.751	25.035	-19.576	-41.608	-176.253	-33.366	65.295	1740,70%
b) Resultados por enajenaciones y otras	213	2.388	-18.479	1.242	2.983	-4.330	-1.117	
19. Otros ingresos y gastos de carácter financiero	n.d.	n.d.	n.d.	n.d.	n.d.	-103	n.d.	
a) Incorporación al activo de gastos financieros	n.d.	n.d.	n.d.	n.d.	n.d.	n.d.	n.d.	
b) Ingresos financieros derivados de convenios de acreedores	n.d.	n.d.	n.d.	n.d.	n.d.	n.d.	n.d.	
c) Resto de ingresos y gastos	n.d.	n.d.	n.d.	n.d.	n.d.	-103	n.d.	
A2) Resultado financiero (14+15+16+17+18+19)	-30.528	13.691	-36.104	-69.569	-184.641	-49.128	64.355	
A3) Resultado antes de impuestos (A1+A2)	64.374	36.503	27.743	-384.249	-463.839	-39.595	59.662	92,70%
19. Impuestos sobre beneficios	2.292	-21.821	-2.811	55.179	-15.372	-17.008	-39.467	
A4) Resultado del ejercicio procedente de operaciones continuadas (A3+19)	50.328	-8.485	24.982	-338.840	-479.453	-56.885	20.195	40,10%
B) Operaciones interrumpidas								
20. Resultado del ejercicio procedente de operaciones interrumpidas neto de impuestos	-2.055	n.d.	-287	-193	-1.462	n.d.	n.d.	
A5) Resultado del ejercicio (A4+20)	64.611	14.687	24.645	-329.263	-480.673	-56.603	20.195	31,30%

Anexo 3. Estado de flujos de efectivo agregado de las empresas grandes

	2008	2009	2010	2011	2012	2013	2014	Nº ÍNDICE 2008-20..
A) Flujos de efectivo de las actividades de explotación								
1. Resultado del ejercicio antes de impuestos	41.657	813	24.930	-398.339	-464.164	-40.022	59.662	143,20%
2. Ajustes del resultado	87.109	72.755	103.081	506.655	532.863	101.895	-12.139	
a) Amortización del inmovilizado (+)	52.348	51.102	46.961	49.222	49.991	43.838	35.620	68,00%
b) Correcciones valorativas por deterioro (+/-)	-5.098	15.789	47.038	427.161	452.053	46.732	-53.724	1053,80%
c) Variación de provisiones (+/-)	-9.323	-551	8.860	9.094	7.976	-1.293	4.228	
d) Imputación de subvenciones (-)	-2.090	-524	-406	-401	-377	-286	-171	8,20%
e) Resultados por bajas y enajenaciones del inmovilizado (+/-)	1.746	-10.087	-6.846	-5.051	1.507	1.611	196	11,20%
f) Resultados por bajas y enajenaciones de instrumentos financieros (+/-)	-193	-1.073	12.326	n.d.	-3.345	4.162	1.117	
g) Ingresos financieros (-)	-81.390	-37.223	-58.334	-42.766	-41.797	-39.089	-33.614	41,30%
h) Gastos financieros (+)	114.720	57.762	54.151	69.231	51.659	48.522	32.846	28,60%
i) Diferencias de cambio (+/-)	176	442	-306	-164	147	117	258	146,60%
j) Variación de valor razonable en instrumentos financieros (+/-)	14.570	-134	-640	619	-5.818	-1.329	-138	
k) Otros ingresos y gastos (-/+)	2.943	-2.747	275	-291	14.440	-1.089	1.171	39,80%
3. Cambios en el capital corriente	-58.501	17.004	27.607	66.897	9.613	712	49.290	
a) Existencias (+/-)	-11.714	21.446	24.518	1.018	18.655	15.539	1.319	
b) Deudores y otras cuentas para cobrar (+/-)	45.550	-61.438	-6.227	55.438	29.906	26.972	73.988	162,40%
c) Otros activos corrientes (+/-)	7.778	1.420	-3.997	9.661	-1.685	-18.191	173	2,20%
d) Acreedores y otras cuentas para pagar (+/-)	-91.925	35.531	-3.433	-736	-50.796	-4.440	-24.120	26,20%
e) Otros pasivos corrientes (+/-)	-10.841	702	-2.816	1.931	12.135	-15.179	-4.241	39,10%
f) Otros activos y pasivos no corrientes (+/-)	2.651	19.343	19.563	-414	1.398	-3.991	2.457	92,70%
4. Otros flujos de efectivo de las actividades de explotación	-46.325	-32.564	-9.811	-50.929	-39.479	-17.878	-3.084	6,70%
a) Pagos de intereses (-)	-113.440	-56.487	-53.601	-64.661	-55.091	-48.265	-32.887	29,00%
b) Cobros de dividendos (+)	47.554	11.226	39.774	19.144	20.748	19.080	6.327	13,30%
c) Cobros de intereses (+)	33.438	22.132	20.705	17.041	15.316	14.818	25.833	77,30%
d) Cobros (pagos) por impuesto sobre beneficios (+/-)	-13.877	-8.533	-14.801	-22.870	-20.052	-3.708	-3.139	22,60%
e) Otros pagos (cobros) (-/+)	1	998	-1.888	417	-401	196	952	95200,00%
5. Flujos de efectivo de las actividades de explotación (1 + 2 + 3 + 4)	23.939	58.009	145.807	124.284	42.121	44.707	93.730	391,50%
B) Flujos de efectivo de las actividades de inversión								
6. Pagos por inversiones (-)	-371.348	-137.410	-116.325	-116.274	-110.411	-121.202	-223.451	60,20%
a) Empresas del grupo y asociadas	-290.728	-73.867	-73.240	-42.847	-36.959	-68.810	-180.470	62,10%
b) Inmovilizado intangible	-38.007	-26.953	-32.574	-32.067	-43.734	-29.695	-25.378	66,80%
c) Inmovilizado material	-28.059	-6.891	-9.268	-10.979	-19.184	-6.784	-3.817	13,60%
d) Inversiones inmobiliarias	-5	-21.826	n.d.	-194	n.d.	n.d.	-137	2740,00%
e) Otros activos financieros	-7.952	-7.535	-1.243	-30.184	-10.533	-15.476	-13.649	171,60%
f) Activos no corrientes mantenidos para venta	-299	n.d.	n.d.	n.d.	n.d.	n.d.	n.d.	
g) Unidad de negocio	n.d.	n.d.	n.d.	n.d.	n.d.	n.d.	n.d.	
h) Otros activos	-6.298	-337	n.d.	-3	n.d.	-469	n.d.	
7. Cobros por desinversiones (+)	78.656	122.505	145.697	80.280	58.042	23.288	106.336	135,20%
a) Empresas del grupo y asociadas	57.986	89.470	140.301	53.409	32.854	5.668	99.437	171,50%
b) Inmovilizado intangible	3.348	3.063	2.904	111	992	290	n.d.	
c) Inmovilizado material	490	16.933	187	26.371	338	1.502	245	50,00%
d) Inversiones inmobiliarias	n.d.	1.027	12	n.d.	n.d.	525	3.561	
e) Otros activos financieros	16.699	11.709	2.278	388	23.764	12.999	2.703	16,20%
f) Activos no corrientes mantenidos para venta	0	299	n.d.	n.d.	n.d.	n.d.	n.d.	
g) Unidad de negocio	n.d.	n.d.	n.d.	n.d.	94	n.d.	n.d.	
h) Otros activos	132	4	11	1	n.d.	2.303	390	295,50%
8. Flujos de efectivo de las actividades de inversión (6 + 7)	-292.692	-14.906	29.373	-35.994	-52.369	-97.915	-117.115	40,00%
C) Flujos de efectivo de las actividades de financiación								
9. Cobros y pagos por instrumentos de patrimonio	1.834	343	13.251	-17.034	505.885	399.720	14.271	778,10%
a) Emisión de instrumentos de patrimonio (+)	n.d.	n.d.	12.245	n.d.	505.564	399.093	14.618	
b) Amortización de instrumentos de patrimonio (-)	n.d.	-74	n.d.	n.d.	n.d.	n.d.	-923	
c) Adquisición de instrumentos de patrimonio propio (-)	n.d.	n.d.	n.d.	-17.244	n.d.	n.d.	n.d.	
d) Enajenación de instrumentos de patrimonio propio (+)	n.d.	n.d.	698	n.d.	n.d.	n.d.	n.d.	
e) Subvenciones, donaciones y legados recibidos (+)	1.834	417	308	210	321	627	576	31,40%
10. Cobros y pagos por instrumentos de pasivo financiero	286.870	-15.113	-132.711	22.689	-439.404	-336.319	35.319	12,30%
a) Emisión	306.680	323.238	324.066	190.449	54.022	48.937	297.164	96,90%
1. Obligaciones y otros valores negociables (+)	n.d.	n.d.	n.d.	n.d.	n.d.	n.d.	n.d.	
2. Deudas con entidades de crédito (+)	118.195	54.745	7.280	9.126	45.085	23.408	15.250	12,90%
3. Deudas con empresas del grupo y asociadas (+)	187.973	268.493	316.194	180.887	5.811	25.528	275.843	146,70%
4. Deudas con características especiales (+)	n.d.	n.d.	n.d.	258	n.d.	n.d.	n.d.	
5. Otras deudas (+)	512	n.d.	592	178	3.126	1	6.072	1185,90%
b) Devolución y amortización de	-19.810	-338.351	-456.776	-167.760	-493.426	-385.256	-261.845	1321,80%
1. Obligaciones y otros valores negociables (-)	n.d.	n.d.	n.d.	n.d.	n.d.	n.d.	n.d.	
2. Deudas con entidades de crédito (-)	-3.700	-151.953	-308.639	-45.212	-12.709	-13.155	-11.585	313,10%
3. Deudas con empresas del grupo y asociadas (-)	-16.110	-180.463	-148.097	-122.269	-480.589	-370.541	-250.032	1552,00%
4. Deudas con características especiales (-)	n.d.	n.d.	n.d.	n.d.	n.d.	n.d.	n.d.	
5. Otras deudas (-)	n.d.	-5.934	-41	-279	-128	-1.560	-228	
11. Pagos por dividendos y remuneraciones de otros instrumentos de patrimonio	-19.248	-24.395	-42.441	-84.523	-46.378	-38.863	-20.918	108,70%
a) Dividendos (-)	-19.248	-24.395	-42.441	-72.034	-46.378	-38.863	-17.540	91,10%
b) Remuneración de otros instrumentos de patrimonio (-)	n.d.	n.d.	n.d.	-12.489	n.d.	n.d.	-3.378	
12. Flujos de efectivo de las actividades de financiación (9 + 10 + 11)	269.456	-39.165	-161.901	-78.868	20.019	24.538	28.672	10,60%
D) Efecto de las variaciones de los tipos de cambio	-141	-225	315	226	-147	-105	72	
E) Aumento/disminución neta del efectivo o equivalentes (5 + 8 + 12 + D)	563	3.352	13.593	9.648	9.624	-28.774	5.359	951,90%
Efectivo o equivalentes al comienzo del ejercicio	41.375	40.440	41.134	39.644	42.197	54.121	21.809	52,70%
Efectivo o equivalentes al final del ejercicio	42.347	43.791	38.881	49.080	51.974	26.803	26.680	63,00%

ACTIVO	2008	2009	2010	2011	2012	2013	2014	Nº ÍNDICE 2008-2014
A) Activo no corriente	1.143.050	1.108.873	1.216.436	1.201.137	1.063.310	1.057.076	1.054.967	92,3%
I Inmovilizado intangible	160.561	177.879	177.581	164.650	128.981	120.845	118.248	73,6%
1. Desarrollo	4.766	3.753	4.689	5.167	5.476	3.474	2.999	62,9%
2. Concesiones	208	1.541	1.183	1.055	1.127	889	836	401,9%
3. Patentes, licencias, marcas y similares	117.467	131.258	124.895	120.292	89.717	84.303	87.413	74,4%
4. Fondo de comercio	10.925	16.949	17.320	9.732	9.515	9.496	5.652	51,7%
5. Aplicaciones informáticas	14.262	13.466	16.652	16.004	13.550	15.781	14.402	101,0%
6. Investigación	782	n.d.	65	327	184	-275	26	3,3%
7. Otro inmovilizado intangible	12.135	10.885	11.983	11.061	9.405	7.178	6.882	56,7%
II Inmovilizado material	260.954	239.377	241.525	219.305	193.088	186.321	187.874	72,0%
1. Terrenos y construcciones	110.766	125.041	135.068	124.524	112.062	110.648	118.582	107,1%
2. Instalaciones técnicas y otro inmovilizado material	117.654	104.156	96.946	81.137	72.328	67.613	63.668	54,1%
3. Inmovilizado en curso y anticipos	32.371	9.754	9.017	13.111	8.555	5.829	5.623	17,4%
III Inversiones inmobiliarias	14.542	12.691	16.578	24.074	23.159	19.004	24.122	165,9%
1. Terrenos	4.511	3.605	4.966	7.492	7.229	5.244	8.044	178,3%
2. Construcciones	10.032	9.086	11.612	16.582	15.930	10.203	16.078	160,3%
IV Inversiones en empresas del grupo y asociadas a largo plazo	587.471	534.384	632.148	641.377	564.683	570.171	600.907	102,3%
1. Instrumentos de patrimonio	271.955	228.499	323.889	316.957	285.941	277.779	278.957	102,6%
2. Créditos a empresas	304.553	292.747	304.834	316.192	269.140	265.558	312.663	102,7%
3. Valores representativos de deuda	1.184	1.324	1.948	1.174	1.024	1.350	n.d.	
4. Derivados	n.d.	n.d.	n.d.	n.d.	n.d.	n.d.	n.d.	
5. Otros activos financieros	1.182	1.115	1.475	7.052	8.572	8.698	9.287	785,7%
6. Otras inversiones	n.d.	2.043	n.d.	n.d.	n.d.	n.d.	n.d.	
V Inversiones financieras a largo plazo	42.980	36.418	24.997	23.341	33.932	27.914	18.900	44,0%
1. Instrumentos de patrimonio	31.971	26.018	16.762	12.804	15.520	8.906	3.956	12,4%
2. Créditos a terceros	2.544	2.580	1.532	936	4.818	3.360	4.483	176,2%
3. Valores representativos de deuda	2.768	25	308	2.461	4.535	4.651	2.169	78,4%
4. Derivados	21	n.d.	n.d.	n.d.	243	56	n.d.	
5. Otros activos financieros	5.330	7.175	5.741	6.444	7.101	9.997	8.076	151,5%
6. Otras inversiones	285	531	571	273	1.443	930	216	75,8%
VI Activos por impuesto diferido	76.541	108.123	123.608	128.388	114.085	118.308	91.666	119,8%
VII Deudas comerciales no corrientes	n.d.	n.d.	n.d.	n.d.	5.383	14.512	13.249	
B) Activo corriente	1.186.763	1.079.519	1.138.186	1.122.192	1.001.696	941.135	779.019	65,6%
I Activos no corrientes mantenidos para la venta	9.688	5.278	7.095	2.699	1.880	1.181	931	9,6%
II Existencias	133.043	114.734	110.086	121.325	113.141	94.745	76.585	57,6%
1. Comerciales	10.898	8.294	11.873	10.788	8.407	11.736	10.609	97,3%
2. Materias primas y otros aprovisionamientos	57.944	42.001	36.107	41.217	33.394	24.913	22.443	38,7%
3. Productos en curso	14.328	13.275	11.560	11.167	9.801	9.837	9.129	63,7%
a) De ciclo largo de produccción	3.287	n.d.	124	65	71	84	43	1,3%
b) De ciclo corto de producción	11.040	13.275	11.436	11.102	9.730	9.752	9.086	82,3%
4. Productos terminados	49.242	50.530	48.641	57.393	60.929	47.545	33.737	68,5%
a) De ciclo largo de produccción	404	n.d.	62	76	48	55	290	71,8%
b) De ciclo corto de producción	48.838	50.530	48.579	57.316	60.881	47.490	33.447	68,5%
5. Subproductos, residuos y materiales recuperados	n.d.	n.d.	n.d.	n.d.	n.d.	n.d.	n.d.	
6. Anticipos a proveedores	632	634	1.640	761	609	705	669	105,9%
III Deudores comerciales y otras cuentas a cobrar	704.586	610.813	632.664	599.616	487.931	468.870	405.534	57,6%
1. Clientes por ventas y prestaciones de servicios	394.896	334.462	325.911	309.270	264.270	262.737	228.744	57,9%
a) Clientes por ventas y prestaciones de servicios a largo plazo	4.464	1.120	3.527	2.180	1.727	1.850	3.656	81,9%
b) Clientes por ventas y prestaciones de servicios a corto plazo	390.432	333.342	322.384	307.090	262.543	260.886	225.088	57,7%
2. Clientes empresas del grupo y asociacas	266.655	236.851	262.463	250.132	190.013	172.501	154.406	57,9%
3. Deudores varios	18.183	15.502	14.164	17.673	14.218	15.801	10.432	57,4%
4. Personal	1.379	1.096	2.096	2.363	2.297	1.223	989	71,7%
5. Activos por impuesto corriente	3.430	1.711	2.881	1.949	1.839	1.056	1.037	30,2%
6. Otros créditos con las Administraciones Públicas	18.354	17.225	19.367	12.199	13.252	14.481	9.926	54,1%
7. Accionistas (socios) por desembolsos exigidos	n.d.	n.d.	2.252	2.470	n.d.	n.d.	n.d.	
IV Inversiones en empresas del grupo y asociadas a corto plazo	220.842	242.009	271.170	296.870	294.566	283.447	239.682	108,5%
1. Instrumentos de patrimonio	n.d.	n.d.	n.d.	n.d.	n.d.	n.d.	n.d.	
2. Créditos a empresas	209.090	223.413	234.976	261.518	259.895	231.286	191.673	91,7%
3. Valores representativos de deuda	n.d.	463	n.d.	1.015	n.d.	n.d.	n.d.	
4. Derivados	n.d.	n.d.	n.d.	n.d.	n.d.	n.d.	n.d.	
5. Otros activos financieros	10.863	16.905	36.194	34.337	34.671	52.105	48.009	441,9%
6. Otras inversiones	n.d.	n.d.	n.d.	n.d.	0	56	n.d.	
V Inversiones financieras a corto plazo	38.520	18.214	33.620	27.489	43.315	34.094	23.045	59,8%
1. Instrumentos de patrimonio	9.064	5.840	5.408	2.301	10.913	14.170	3.355	37,0%
2. Créditos a empresas	1.496	941	2.394	3.356	1.912	2.477	1.159	77,5%
3. Valores representativos de deuda	3.362	2.952	5.896	5.343	7.397	3.196	2.010	59,8%
4. Derivados	76	95	67	n.d.	n.d.	n.d.	2	2,6%
5. Otros activos financieros	22.407	7.717	19.181	15.889	21.497	14.111	16.519	73,7%
6. Otras inversiones	8	n.d.	n.d.	n.d.	12	139	1	12,5%
VI Periodificaciones a corto plazo	16.732	13.872	12.060	13.386	13.976	8.136	8.858	52,9%
VII Efectivo y otros activos líquidos equivalentes	63.352	74.599	71.492	60.806	46.888	50.662	24.383	38,5%
1. Tesorería	47.882	53.783	56.073	48.501	41.446	43.288	23.145	48,3%
2. Otros activos líquidos equivalentes	15.052	18.846	12.727	11.465	5.193	7.087	1.238	8,2%
Total activo (A + B)	2.329.813	2.188.392	2.354.622	2.323.329	2.065.006	1.998.211	1.833.986	78,7%

PASIVO	2008	2009	2010	2011	2012	2013	2014	Nº ÍNDICE 2008-2014
A) Patrimonio neto	962.002	930.214	1.040.583	1.082.737	990.627	832.288	874.222	90,9%
A-1) Fondos propios	957.526	929.240	1.039.504	1.081.644	990.437	832.145	873.941	91,3%
I Capital	228.393	231.017	231.806	238.422	255.032	252.843	207.447	90,8%
1. Capital escriturado	228.393	231.017	232.188	238.532	255.693	253.076	207.465	90,8%
2. (Capital no exigido)	n.d.	n.d.	-382	-110	-661	-232	-18	
II Prima de emisión	108.687	162.806	155.488	193.722	172.797	169.883	150.380	138,4%
III Reservas	581.529	648.664	641.871	657.387	659.282	632.432	625.645	107,6%
1. Legal y estatutarias	33.019	41.129	41.146	41.333	40.777	37.012	31.982	96,9%
2. Otras reservas	547.681	605.897	599.072	614.268	616.442	577.406	593.161	108,3%
IV (Acciones y participaciones en patrimonio propias)	-13.156	-13.398	-13.542	-10.164	-10.441	-10.704	-2.040	15,5%
V Resultados de ejercicios anteriores	-43.945	-106.374	-114.133	-132.950	-134.044	-229.588	-278.369	633,4%
1. Remanente	34.318	30.896	40.334	35.375	29.319	28.809	26.972	78,6%
2. (Resultados negativos de ejercicios anteriores)	-77.075	-136.603	-154.466	-168.213	-163.363	-258.397	-305.341	396,2%
VI Otras aportaciones de socios	17.511	24.280	38.520	42.909	43.715	44.049	181.236	1035,0%
VII Resultado del ejercicio	119.647	11.644	138.831	126.308	25.624	-5.079	41.571	34,7%
VIII (Dividendo a cuenta)	-41.141	-29.398	-39.338	-33.991	-21.528	-21.693	-55.202	134,2%
IX Otros instrumentos de patrimonio neto	n.d.	n.d.	n.d.	n.d.	n.d.	n.d.	3.274	
A-2) Ajustes por cambios de valor	2.397	-126	-77	-38	-763	-613	-118	
I Activos financieros disponibles para la venta	2.564	173	141	84	-707	-603	-124	
II Operaciones de cobertura	-169	-301	-198	-120	-58	-12	4	
III Activos no corrientes y pasivos vinculados, mantenidos para la venta	n.d.	n.d.	n.d.	n.d.	n.d.	n.d.	n.d.	
IV Diferencia de conversión	2	2	2	2	2	2	2	100,0%
V Otros	n.d.	n.d.	-22	-4	n.d.	n.d.	n.d.	
A-3) Subvenciones, donaciones y legados recibidos	2.078	1.100	1.156	1.132	953	756	399	19,2%
B) Pasivo no corriente	374.426	384.754	422.614	387.635	329.618	392.519	309.412	82,6%
I Provisiones a largo plazo	58.619	12.616	56.699	34.127	5.562	15.951	17.583	30,0%
1. Obligaciones por prestaciones a largo plazo al personal	20.101	3.888	10.655	1.367	850	11.548	13.165	65,5%
2. Actuaciones medioambientales	n.d.	n.d.	n.d.	n.d.	n.d.	n.d.	n.d.	
3. Provisiones por reestructuración	26	26	12.449	61	98	n.d.	n.d.	
4. Otras provisiones	38.465	8.702	33.595	32.699	4.523	4.280	4.418	11,5%
II Deudas a largo plazo	153.921	193.474	190.510	182.583	137.031	131.018	97.309	63,2%
1. Obligaciones y otros valores negociables	n.d.	n.d.	n.d.	n.d.	n.d.	n.d.	n.d.	
2. Deudas con entidades de crédito	138.118	145.961	170.468	143.644	93.029	92.202	74.143	53,7%
3. Acreedores por arrendamiento financiero	7.393	16.616	13.083	13.729	10.332	8.652	8.891	120,3%
4. Derivados	317	810	506	189	n.d.	n.d.	n.d.	
5. Otros pasivos financieros	8.093	30.087	6.453	25.021	33.671	30.161	14.274	176,4%
III Deudas con empresas del grupo y asociadas a largo plazo	129.154	147.864	146.144	144.043	168.504	228.578	180.197	139,5%
IV Pasivos por impuesto diferido	32.733	30.801	29.261	26.882	18.521	16.973	14.323	43,8%
V Periodificaciones a largo plazo	n.d.	n.d.	n.d.	n.d.	n.d.	n.d.	n.d.	
VI Acreedores comerciales no corrientes	n.d.	n.d.	n.d.	n.d.	n.d.	n.d.	n.d.	
VII Deuda con características especiales a largo plazo	n.d.	n.d.	n.d.	n.d.	n.d.	n.d.	n.d.	
C) Pasivo corriente	993.386	873.425	891.424	852.956	744.761	773.404	650.352	65,5%
I Pasivos vinculados con activos no corrientes mantenidos para la venta	600	600	n.d.	n.d.	n.d.	n.d.	n.d.	
II Provisiones a corto plazo	63.489	45.570	44.431	49.090	42.550	37.829	34.383	54,2%
III Deudas a corto plazo	124.056	90.149	111.606	125.108	75.902	79.387	34.148	27,5%
1. Obligaciones y otros valores negociables	n.d.	n.d.	n.d.	n.d.	n.d.	n.d.	n.d.	
2. Deudas con entidades de crédito	102.780	62.546	90.985	85.247	60.602	61.694	20.355	19,8%
3. Acreedores por arrendamiento financiero	2.316	2.992	3.127	2.811	2.738	2.490	2.138	92,3%
4. Derivados	137	n.d.	n.d.	22	66	n.d.	n.d.	
5. Otros pasivos financieros	18.824	24.607	17.341	36.993	12.492	15.203	11.655	61,9%
IV Deudas con empresas del grupo y asociadas a corto plazo	177.755	148.184	154.650	115.996	112.769	177.310	214.199	120,5%
V Acreedores comerciales y otras cuentas a pagar	589.372	550.786	544.536	522.945	476.803	445.380	336.407	57,1%
1. Proveedores	208.772	192.287	205.550	211.612	173.327	153.264	111.532	53,4%
a) Proveedores a largo plazo	4.753	978	1.832	7.594	842	1.934	2.118	44,6%
b) Proveedores a corto plazo	204.019	191.309	203.718	204.018	172.485	151.330	109.414	53,6%
2. Proveedores, empresas del grupo y asociadas	160.700	149.003	136.778	96.157	112.140	128.053	91.924	57,2%
3. Acreedores varios	123.913	108.330	105.949	125.396	109.937	84.909	69.508	56,1%
4. Personal (remuneraciones pendientes de pago)	53.239	61.646	48.915	42.870	40.461	34.681	31.246	58,7%
5. Pasivos por impuesto corriente	4.197	2.398	2.304	3.704	2.859	4.221	1.799	42,9%
6. Otras deudas con las Administraciones Públicas	31.867	32.198	37.316	35.917	32.864	35.215	28.602	89,8%
7. Anticipos de clientes	6.114	3.700	3.595	3.627	4.343	3.965	1.796	29,4%
VI Periodificaciones a corto plazo	38.112	38.135	36.201	39.817	36.736	33.499	31.215	81,9%
VII Deuda con características especiales a corto plazo	n.d.	n.d.	n.d.	n.d.	n.d.	n.d.	n.d.	
Total patrimonio neto y pasivo (A + B + C)	2.329.813	2.188.392	2.354.622	2.323.329	2.065.006	1.998.211	1.833.986	78,7%

Anexo 5. Cuenta de resultados agregada de las empresas medianas

	2008	2009	2010	2011	2012	2013	2014	Nº ÍNDICE 2008-2014
A) Operaciones continuadas								
1. Importe neto de la cifra de negocios	2.845.446	2.555.030	2.553.018	2.436.510	2.184.996	2.002.660	1.717.095	60,3%
a) Ventas	2.287.355	2.089.136	2.073.917	1.964.955	1.802.617	1.635.994	1.405.406	61,4%
b) Prestaciones de servicios	515.115	457.576	465.628	450.291	370.826	354.302	311.688	60,5%
2. Variación de existencias de productos terminados y en curso de fabricación	8.028	3.374	-1.611	7.234	1.772	-13.601	4.213	52,5%
3. Trabajos realizados por la empresa para su activo	4.372	2.645	2.719	2.495	2.555	2.748	1.293	29,6%
4. Aprovisionamientos	-1.203.686	-1.040.974	-1.019.389	-968.219	-887.160	-771.087	-601.372	50,0%
a) Consumo de mercaderías	-532.159	-446.147	-435.193	-409.468	-338.601	-335.562	-234.134	44,0%
b) Consumo de materias primas y otras materias consumibles	-281.490	-255.637	-237.991	-220.108	-200.011	-148.303	-130.540	46,4%
c) Trabajos realizados por otras empresas	-379.766	-324.934	-340.372	-330.031	-340.976	-283.409	-234.475	61,7%
d) Deterioro de mercaderías, materias primas y otros aprovisionamientos	638	-10.435	-1.882	-1.869	-4.444	-1.065	-2.223	
5. Otros ingresos de explotación	137.974	99.849	137.066	118.171	111.449	114.403	94.608	68,6%
a) Ingresos accesorios y otros de gestión corriente	127.606	89.540	125.866	111.700	104.138	107.439	89.188	69,9%
b) Subvenciones de explotación incorporadas al resultado del ejercicio	8.932	10.134	10.114	6.022	7.192	6.462	5.420	60,7%
6. Gastos de personal	-624.102	-615.316	-541.617	-544.819	-519.653	-500.692	-445.088	71,3%
a) Sueldos, salarios y asimilados	-498.664	-502.826	-433.317	-434.958	-419.256	-400.902	-353.179	70,8%
b) Cargas sociales	-110.210	-107.201	-100.976	-100.795	-96.946	-95.899	-90.163	81,8%
c) Provisiones	-173	-2.503	-1.679	-150	1.734	1.576	-1.747	1009,8%
7. Otros gastos de explotación	-1.017.802	-950.412	-936.768	-900.540	-808.134	-777.660	-679.390	66,8%
a) Servicios exteriores	-977.403	-926.124	-884.294	-850.053	-765.555	-735.708	-672.444	68,8%
b) Tributos	-3.599	-3.596	-3.101	-2.743	-3.836	-2.758	-2.202	61,2%
c) Pérdidas, deterioro y variación de provisiones por operaciones comerciales	-16.059	-18.252	-13.787	-7.958	-9.427	-6.675	-1.732	10,8%
d) Otros gastos de gestión corriente	-5.236	-1.385	-30.580	-29.061	-25.725	-27.829	-3.012	57,5%
8. Amortización del inmovilizado	-59.530	-60.568	-58.732	-51.398	-45.798	-43.001	-38.579	64,8%
9. Imputación de subvenciones de inmovilizado no financiero y otras	878	1.265	528	464	332	400	172	19,6%
10. Excesos de provisiones	2.184	2.441	1.508	1.358	1.900	610	16	0,7%
11. Deterioro y resultado por enajenaciones del inmovilizado	30.615	8.213	-404	573	-36.472	-6.192	2.613	8,5%
a) Deterioro y pérdidas	-1.702	-12.901	-929	-12.574	-34.470	-5.142	2.462	
b) Resultados por enajenaciones y otras	32.328	21.114	546	13.147	-2.002	-1.074	151	0,5%
12. Diferencia negativa de combinaciones de negocio	81	n.d.	n.d.	n.d.	n.d.	36	n.d.	
13. Otros resultados	-14.635	847	-1.398	1.812	2.058	843	-86	0,6%
A1) Resultado de explotación (1+2+3+4+5+6+7+8+9+10+11+12+13)	109.823	6.394	134.920	103.641	7.846	9.465	55.494	50,5%
14. Ingresos financieros	73.000	32.682	59.689	87.465	71.493	41.998	59.488	81,5%
a) De participaciones en instrumentos de patrimonio	49.757	20.140	50.769	74.422	58.780	26.062	47.484	95,4%
a) En empresas del grupo y asociadas	47.505	19.604	49.692	74.277	58.214	26.006	40.150	84,5%
b) En terceros	2.252	536	1.077	144	565	56	7.334	325,7%
b) De valores negociables y otros instrumentos financieros	21.223	12.327	8.204	12.998	12.679	15.269	12.004	56,6%
a) De empresas del grupo y asociadas	17.599	11.087	6.824	10.769	10.751	11.371	10.811	61,4%
b) De terceros	3.625	1.240	1.380	2.228	1.928	3.898	1.193	32,9%
c) Imputación de subvenciones, donaciones y legados de carácter financiero	2	n.d.	n.d.	n.d.	n.d.	n.d.	n.d.	
15. Gastos financieros	-25.632	-19.298	-19.650	-22.005	-19.156	-19.602	-25.497	99,5%
a) Por deudas con empresas del grupo y asociadas	-10.227	-9.183	-7.179	-7.781	-7.165	-8.408	-17.320	169,4%
b) Por deudas con terceros	-14.075	-9.225	-11.519	-13.269	-11.956	-10.571	-8.177	58,1%
c) Por actualización de provisiones	-883	-883	-906	-859	n.d.	-17	n.d.	
16. Variación de valor razonable en instrumentos financieros	3.278	88	-60	34	1.364	1.231	-2.150	
a) Cartera de negociación y otros	-299	85	-60	34	1.818	1.235	6	
b) Imputación al resultado del ejercicio por activos financieros disponibles para la venta	3.577	3	n.d.	n.d.	-452	-4	-2.156	
17. Diferencias de cambio	3.524	-1.429	833	-163	-578	-1.212	477	13,5%
18. Deterioro y resultado por enajenaciones de instrumentos financieros	-14.391	-6.374	279	-14.992	-21.128	-18.801	-3.546	24,6%
a) Deterioros y pérdidas	-14.526	-7.359	-5.818	-17.226	-20.814	-18.620	-2.687	18,5%
b) Resultados por enajenaciones y otras	608	984	6.096	2.237	-314	-181	-859	
19. Otros ingresos y gastos de carácter financiero	n.d.	n.d.	n.d.	-8	57	n.d.	0	
a) Incorporación al activo de gastos financieros	n.d.	n.d.	n.d.	n.d.	n.d.	n.d.	n.d.	
b) Ingresos financieros derivados de convenios de acreedores	n.d.	n.d.	n.d.	n.d.	n.d.	n.d.	n.d.	
c) Resto de ingresos y gastos	n.d.	n.d.	n.d.	-8	57	n.d.	0	
A2) Resultado financiero (14+15+16+17+18+19)	39.780	5.669	41.090	50.331	32.052	3.614	28.773	72,3%
A3) Resultado antes de impuestos (A1+A2)	149.604	12.063	176.010	153.972	39.897	13.079	84.267	56,3%
19. Impuestos sobre beneficios	-29.699	857	-36.857	-29.608	-14.270	-18.159	-42.848	144,3%
A4) Resultado del ejercicio procedente de operaciones continuadas (A3+19)	117.059	12.227	138.867	128.194	26.176	-4.793	41.419	35,4%
B) Operaciones interrumpidas								
20. Resultado del ejercicio procedente de operaciones interrumpidas neto de impuestos	-257	-1.276	-322	-566	-3	n.d.	152	
A5) Resultado del ejercicio (A4+20)	119.647	11.644	138.831	123.798	25.624	-5.079	41.571	34,7%

55

Anexo 6. Estado de flujos de efectivo agregado de las empresas medianas

	2008	2009	2010	2011	2012	2013	2014	Nº ÍNDICE 2008-2014
A) Flujos de efectivo de las actividades de explotación								
1. Resultado del ejercicio antes de impuestos	151.882	10.231	175.398	158.600	39.400	14.016	84.267	55,5%
2. Ajustes del resultado	4.177	58.717	30.164	535	57.977	52.245	13.823	330,9%
a) Amortización del inmovilizado (+)	57.612	58.674	54.614	50.967	45.341	42.849	38.062	66,1%
b) Correcciones valorativas por deterioro (+/-)	17.459	23.399	16.340	27.046	56.222	24.170	5.104	29,2%
c) Variación de provisiones (+/-)	16.871	5.626	2.113	4.078	-3.029	10.228	2.849	16,9%
d) Imputación de subvenciones (-)	-1.390	-1.569	-2.670	-1.580	-529	-542	-253	18,2%
e) Resultados por bajas y enajenaciones del inmovilizado (+/-)	-33.632	-12.558	-6.002	-12.631	1.001	611	-4	0,0%
f) Resultados por bajas y enajenaciones de instrumentos financieros (+/-)	-122	-458	-71	-3.181	9.723	593	-558	457,4%
g) Ingresos financieros (-)	-65.636	-28.336	-56.979	-85.462	-69.824	-39.996	-58.283	88,8%
h) Gastos financieros (+)	19.177	15.119	17.453	20.114	17.299	17.733	25.289	131,9%
i) Diferencias de cambio (+/-)	-512	816	-567	88	409	1.347	-347	67,8%
j) Variación de valor razonable en instrumentos financieros (+/-)	-1.313	-2.986	4.951	1.975	-1.316	-1.199	1.758	
k) Otros ingresos y gastos (-/+)	-5.973	-361	861	-879	3.243	-3.548	206	
3. Cambios en el capital corriente	141.796	21.970	-13.000	-29.609	24.759	38.280	-69.914	
a) Existencias (+/-)	-4.687	5.878	6.396	-13.140	6.117	23.404	-2.004	42,8%
b) Deudores y otras cuentas para cobrar (+/-)	164.923	84.350	1.951	26.811	82.283	20.670	439	0,3%
c) Otros activos corrientes (+/-)	30.993	5.580	1.127	-23.644	12.136	13.247	5.478	17,7%
d) Acreedores y otras cuentas para pagar (+/-)	6.055	-41.721	-23.322	-18.446	-73.476	-13.570	-72.591	
e) Otros pasivos corrientes (+/-)	-33.771	-23.213	1.551	-184	-5.901	-4.292	-378	1,1%
f) Otros activos y pasivos no corrientes (+/-)	-21.717	-9.439	-704	-1.007	3.601	-1.179	-858	4,0%
4. Otros flujos de efectivo de las actividades de explotación	-840	-24.614	16.132	32.278	26.965	-10.679	10.989	
a) Pagos de intereses (-)	-17.956	-14.723	-15.988	-18.065	-16.631	-17.031	-22.926	127,7%
b) Cobros de dividendos (+)	46.434	16.496	47.816	71.763	57.423	25.533	44.844	96,6%
c) Cobros de intereses (+)	16.317	9.341	6.889	9.966	9.188	9.482	9.963	61,1%
d) Cobros (pagos) por impuesto sobre beneficios (+/-)	-46.094	-22.733	-19.901	-27.842	-23.076	-23.264	-20.503	44,5%
e) Otros pagos (cobros) (-/+)	-578	-12.722	-2.684	-3.544	60	-5.399	-389	67,3%
5. Flujos de efectivo de las actividades de explotación (1 + 2 + 3 + 4)	287.750	66.425	208.694	161.165	149.101	91.978	34.707	12,1%
B) Flujos de efectivo de las actividades de inversión								
6. Pagos por inversiones (-)	-306.776	-130.826	-146.968	-133.027	-128.131	-127.224	-99.758	32,5%
a) Empresas del grupo y asociadas	-101.636	-63.399	-47.283	-43.698	-48.722	-67.391	-40.871	40,2%
b) Inmovilizado intangible	-37.270	-22.914	-24.660	-23.159	-21.462	-23.355	-20.238	54,3%
c) Inmovilizado material	-49.555	-21.221	-19.463	-16.842	-9.489	-4.989	-15.360	31,0%
d) Inversiones inmobiliarias	-2.158	-10	n.d.	-6.080	-221	-260	-19	0,9%
e) Otros activos financieros	-114.398	-20.651	-54.973	-32.074	-47.337	-29.614	-20.486	17,9%
f) Activos no corrientes mantenidos para venta	-193	-92	n.d.	n.d.	-342	n.d.	-1	0,5%
g) Unidad de negocio	n.d.	-29	n.d.	-1	-1	n.d.	-2	
h) Otros activos	-1.566	-731	-589	-11.178	-527	-1.615	-1.913	122,2%
7. Cobros por desinversiones (+)	105.817	116.904	51.485	103.119	51.184	97.132	45.403	42,9%
a) Empresas del grupo y asociadas	32.360	45.765	23.413	42.754	12.691	53.034	28.271	87,4%
b) Inmovilizado intangible	329	669	1.250	104	198	664	476	144,7%
c) Inmovilizado material	39.441	29.036	3.046	6.341	448	2.907	1.381	3,5%
d) Inversiones inmobiliarias	1	n.d.	n.d.	n.d.	n.d.	n.d.	n.d.	
e) Otros activos financieros	33.482	40.756	22.656	32.491	33.440	34.596	9.345	27,9%
f) Activos no corrientes mantenidos para venta	n.d.	409	n.d.	20.292	175	130	250	
g) Unidad de negocio	n.d.	0	n.d.	853	4.227	363	200	
h) Otros activos	204	149	1.121	284	6	5.439	5.480	2686,3%
8. Flujos de efectivo de las actividades de inversión (6 + 7)	-200.959	-14.130	-95.483	-29.908	-76.947	-29.313	-53.603	26,7%
C) Flujos de efectivo de las actividades de financiación								
9. Cobros y pagos por instrumentos de patrimonio	62.593	46.623	43.041	48.810	27.449	3.373	159.555	254,9%
a) Emisión de instrumentos de patrimonio (+)	61.255	49.758	16.088	48.972	20.606	5.956	157.185	256,6%
b) Amortización de instrumentos de patrimonio (-)	-29	-3.525	-323	-308	-128	-2.700	-2.518	8682,8%
c) Adquisición de instrumentos de patrimonio propio (-)	-2.948	-207	-169	-99	-448	-406	-261	8,9%
d) Enajenación de instrumentos de patrimonio propio (+)	3.499	301	26.895	n.d.	191	340	110	3,1%
e) Subvenciones, donaciones y legados recibidos (+)	817	228	550	245	7.228	182	39	4,8%
10. Cobros y pagos por instrumentos de pasivo financiero	-32.288	-1.690	11.584	-54.047	42.954	78.963	-62.280	192,9%
a) Emisión	122.880	130.243	148.335	64.922	134.734	174.455	82.679	67,3%
1. Obligaciones y otros valores negociables (+)	156	n.d.	n.d.	n.d.	n.d.	n.d.	n.d.	
2. Deudas con entidades de crédito (+)	110.259	88.221	74.497	35.605	25.453	47.623	7.258	6,6%
3. Deudas con empresas del grupo y asociadas (+)	19.426	37.973	71.413	24.758	98.625	113.698	67.482	347,4%
4. Deudas con características especiales (+)	n.d.	2	n.d.	546	6.790	6.930	4.320	
5. Otras deudas (+)	5.667	4.047	2.424	4.013	3.866	6.204	3.619	63,9%
b) Devolución y amortización de	-160.942	-131.520	-136.309	-118.970	-91.780	-95.492	-144.959	90,1%
1. Obligaciones y otros valores negociables (-)	n.d.	n.d.	n.d.	n.d.	n.d.	n.d.	n.d.	
2. Deudas con entidades de crédito (-)	-63.514	-84.681	-68.931	-66.831	-61.439	-60.388	-37.563	59,1%
3. Deudas con empresas del grupo y asociadas (-)	-79.120	-36.228	-52.754	-50.217	-25.196	-18.885	-96.961	122,5%
4. Deudas con características especiales (-)	-12	n.d.	-2	-4	-934	n.d.	n.d.	
5. Otras deudas (-)	-18.295	-10.611	-15.064	-1.919	-4.211	-10.760	-2.757	22975,0%
11. Pagos por dividendos y remuneraciones de otros instrumentos de patrimonio	-129.853	-77.170	-164.589	-134.722	-170.543	-142.595	-7.679	42,0%
a) Dividendos (-)	-124.079	-77.170	-164.589	-130.745	-170.086	-142.543	-95.432	73,5%
b) Remuneración de otros instrumentos de patrimonio (-)	-5.785	n.d.	n.d.	-3.977	-457	-52	-5	76,9%
12. Flujos de efectivo de las actividades de financiación (9 + 10 + 11)	-91.792	-32.237	-109.964	-138.970	-100.140	-58.659	-8.958	0,1%
D) Efecto de las variaciones de los tipos de cambio	3.661	-628	-135	-50	-118	-594	437	9,8%
E) Aumento/disminución neta del efectivo o equivalentes (5 + 8 + 12 + D)	-9.296	19.386	3.112	-8.939	-27.952	3.262	-28.136	11,9%
Efectivo o equivalentes al comienzo del ejercicio	67.769	72.404	70.762	71.855	75.161	47.988	52.520	302,7%
Efectivo o equivalentes al final del ejercicio	53.024	74.144	69.905	60.240	47.158	51.093	24.383	77,5%
								46,0%

Anexo 7. Balance de situación agregado de las empresas pequeñas

Activo	2008	2009	2010	2011	2012	2013	2014	Nº ÍNDICE 2008-2014
A) Activo no corriente	396.608	515.461	407.579	352.956	326.429	340.963	167.062	42,10%
I Inmovilizado intangible	47.452	52.377	48.232	36.147	35.936	42.417	24.673	52,00%
1. Desarrollo	15.145	15.708	10.410	6.698	5.571	8.327	1.642	10,80%
2. Concesiones	1.439	1.624	2.871	1.480	837	809	826	57,40%
3. Patentes, licencias, marcas y similares	10.906	9.688	9.022	9.131	11.337	11.469	6.423	58,90%
4. Fondo de comercio	2.911	894	1.468	1.468	1.468	894	894	30,70%
5. Aplicaciones informáticas	5.400	4.661	4.095	4.044	2.385	2.945	904	16,70%
6. Investigación	n.d.	n.d.	n.d.	n.d.	-68	n.d.	n.d.	
7. Otro inmovilizado intangible	11.385	19.802	20.286	13.158	14.407	17.972	13.937	122,40%
II Inmovilizado material	22.405	25.366	19.667	16.405	13.727	13.923	8.596	38,40%
1. Terrenos y construcciones	11.304	12.173	11.324	8.954	7.835	8.863	5.301	46,90%
2. Instalaciones técnicas y otro inmovilizado material	9.987	10.193	8.268	7.362	5.891	4.850	3.299	33,00%
3. Inmovilizado en curso y anticipos	1.098	3.001	12	28	n.d.	209	-4	
III Inversiones inmobiliarias	3.313	2.945	6.742	8.660	6.414	6.296	6.512	196,60%
1. Terrenos	1.223	1.088	1.866	2.540	1.866	1.866	1.866	152,60%
2. Construcciones	2.090	1.857	4.876	6.120	4.548	4.430	4.646	222,30%
IV Inversiones en empresas del grupo y asociadas a largo plazo	241.271	337.856	246.235	230.194	184.891	174.400	60.142	24,90%
1. Instrumentos de patrimonio	214.249	318.266	226.301	220.905	177.211	166.504	49.864	23,30%
2. Créditos a empresas	27.004	19.569	19.883	9.264	7.656	7.881	6.085	22,50%
3. Valores representativos de deuda	n.d.	1	n.d.	n.d.	n.d.	n.d.	n.d.	
4. Derivados	n.d.	n.d.	n.d.	n.d.	n.d.	n.d.	n.d.	
5. Otros activos financieros	15	20	50	25	25	15	4.194	27960,00%
6. Otras inversiones	4	n.d.	n.d.	n.d.	n.d.	n.d.	n.d.	
V Inversiones financieras a largo plazo	41.143	53.790	44.411	19.382	43.141	52.867	38.103	92,60%
1. Instrumentos de patrimonio	31.126	33.060	28.836	12.596	9.087	7.275	6.386	20,50%
2. Créditos a terceros	1.642	3.399	2.875	1.871	1.888	1.186	183	11,10%
3. Valores representativos de deuda	6.474	16.395	11.306	1.152	27.885	39.349	29.768	459,80%
4. Derivados	n.d.	n.d.	n.d.	n.d.	464	n.d.	n.d.	
5. Otros activos financieros	1.853	921	1.335	3.741	3.720	4.962	773	41,70%
6. Otras inversiones	17	13	51	14	97	94	992	5835,30%
VI Activos por impuesto diferido	40.364	42.791	41.973	41.863	41.993	50.388	29.035	71,90%
VII Deudas comerciales no corrientes	660	335	319	304	328	672	1	0,20%
B) Activo corriente	879.397	700.047	661.093	653.352	629.856	534.358	506.418	57,60%
I Activos no corrientes mantenidos para la venta	1.054	5.983	7.167	2.705	2.312	2.042	2.339	221,90%
II Existencias	123.379	123.160	100.566	95.505	89.083	69.913	64.085	51,90%
1. Comerciales	7.980	6.253	4.355	4.743	4.266	3.472	1.564	19,60%
2. Materias primas y otros aprovisionamientos	10.424	11.254	12.690	9.657	8.615	7.875	7.130	68,40%
3. Productos en curso	25.607	26.501	20.733	20.027	16.997	14.688	14.209	55,50%
a) De ciclo largo de produccción	n.d.	n.d.	n.d.	n.d.	n.d.	14	n.d.	
b) De ciclo corto de producción	25.607	26.501	20.733	20.027	16.997	14.674	14.209	55,50%
4. Productos terminados	77.493	77.128	60.737	58.557	57.338	42.860	38.133	49,20%
a) De ciclo largo de produccción	n.d.	n.d.	n.d.	n.d.	n.d.	4.128	n.d.	
b) De ciclo corto de producción	77.493	77.128	60.737	58.557	57.338	38.732	38.133	49,20%
5. Subproductos, residuos y materiales recuperados	n.d.	n.d.	n.d.	n.d.	n.d.	n.d.	n.d.	
6. Anticipos a proveedores	610	2.023	1.657	1.713	1.867	1.017	3.049	499,80%
III Deudores comerciales y otras cuentas a cobrar	474.364	263.617	256.193	234.560	213.770	180.218	132.846	28,00%
1. Clientes por ventas y prestaciones de servicios	273.540	152.524	144.408	122.971	91.285	75.414	63.776	23,30%
a) Clientes por ventas y prestaciones de servicios a largo plazo	17.367	16.469	9.306	4.897	3.269	2.550	n.d.	
b) Clientes por ventas y prestaciones de servicios a corto plazo	256.173	136.055	135.102	118.074	88.016	72.864	63.776	24,90%
2. Clientes empresas del grupo y asociadas	173.351	89.550	93.695	93.303	104.213	92.370	57.084	32,90%
3. Deudores varios	11.963	12.159	10.340	6.590	5.859	3.410	1.899	15,90%
4. Personal	540	320	265	596	564	108	96	17,80%
5. Activos por impuesto corriente	870	227	369	804	589	363	277	31,80%
6. Otros créditos con las Administraciones Públicas	10.188	8.707	6.703	6.752	11.261	8.553	9.713	95,30%
7. Accionistas (socios) por desembolsos exigidos	50	130	n.d.	n.d.	n.d.	n.d.	n.d.	
IV Inversiones en empresas del grupo y asociadas a corto plazo	157.661	198.465	189.957	217.692	238.989	198.370	102.879	65,30%
1. Instrumentos de patrimonio	n.d.	n.d.	2	2	17.148	n.d.	n.d.	
2. Créditos a empresas	140.237	142.800	142.181	169.926	171.778	158.520	64.512	46,00%
3. Valores representativos de deuda	5	n.d.	n.d.	n.d.	n.d.	n.d.	n.d.	
4. Derivados	n.d.	n.d.	n.d.	n.d.	n.d.	n.d.	n.d.	
5. Otros activos financieros	17.418	55.665	47.774	47.764	43.353	39.850	38.367	220,30%
6. Otras inversiones	n.d.	n.d.	n.d.	n.d.	6.710	n.d.	n.d.	
V Inversiones financieras a corto plazo	65.609	48.368	66.114	67.004	53.781	52.049	160.016	243,90%
1. Instrumentos de patrimonio	10.995	12.153	13.148	5.106	766	641	52	0,50%
2. Créditos a empresas	71	2.070	1.244	710	1.738	361	101.227	142573,20%
3. Valores representativos de deuda	34.383	26.171	40.797	53.021	41.863	37.944	56.019	162,90%
4. Derivados	n.d.	57	n.d.	n.d.	n.d.	443	355	
5. Otros activos financieros	7.431	7.917	10.917	8.164	9.414	7.634	1.508	20,30%
6. Otras inversiones	5	1	n.d.	n.d.	n.d.	5.025	856	17120,00%
VI Periodificaciones a corto plazo	7.072	7.381	7.579	5.383	5.464	4.471	3.864	54,60%
VII Efectivo y otros activos líquidos equivalentes	50.258	53.073	33.516	30.502	26.458	27.296	40.389	80,40%
1. Tesorería	23.245	34.412	28.193	30.098	25.857	27.293	40.362	173,60%
2. Otros activos líquidos equivalentes	26.997	18.661	5.301	345	601	3	27	0,10%
Total activo (A + B)	1.276.005	1.215.508	1.068.671	1.006.307	956.286	875.322	673.480	52,80%

Pasivo	2008	2009	2010	2011	2012	2013	2014	Nº ÍNDICE 2008-2014
A) Patrimonio neto	609.749	612.465	506.402	501.494	475.897	445.501	361.501	59,30%
A-1) Fondos propios	618.692	613.218	506.898	501.834	475.662	445.017	361.539	58,40%
I Capital	96.824	92.501	92.702	93.202	80.340	61.498	36.161	37,30%
1. Capital escriturado	96.824	92.501	92.702	93.202	80.340	61.498	36.161	37,30%
2. (Capital no exigido)	n.d.	n.d.	n.d.	n.d.	n.d.	n.d.	n.d.	
II Prima de emisión	125.406	137.872	133.378	135.944	135.944	135.902	98.390	78,50%
III Reservas	395.630	407.564	307.390	286.454	306.448	329.390	265.825	67,20%
1. Legal y estatutarias	13.839	13.363	13.524	13.916	11.808	11.388	5.717	41,30%
2. Otras reservas	370.780	394.202	293.834	272.506	294.640	318.002	259.213	69,90%
IV (Acciones y participaciones en patrimonio propias)	-4.374	-11.327	-11.345	-11.793	-11.813	-11.812	-11.802	269,80%
V Resultados de ejercicios anteriores	-28.552	-32.966	-61.616	-52.678	-69.526	-93.930	-75.377	264,00%
1. Remanente	10.603	6.366	3.038	3.066	2.351	820	689	6,50%
2. (Resultados negativos de ejercicios anteriores)	-39.155	-39.333	-64.742	-55.841	-71.877	-94.750	-76.066	194,30%
VI Otras aportaciones de socios	10.707	16.010	19.024	19.916	39.781	33.833	31.824	297,20%
VII Resultado del ejercicio	28.179	9.365	32.366	38.333	1.463	-7.605	17.498	62,10%
VIII (Dividendo a cuenta)	-5.129	-5.800	-5.000	-7.544	-6.975	-2.258	-980	19,10%
IX Otros instrumentos de patrimonio neto	n.d.	n.d.	n.d.	n.d.	n.d.	n.d.	n.d.	
A-2) Ajustes por cambios de valor	-8.990	-793	-659	-438	-159	231	-71	0,80%
I Activos financieros disponibles para la venta	-8.435	n.d.	n.d.	n.d.	n.d.	n.d.	n.d.	
II Operaciones de cobertura	-545	-792	-657	-430	-151	n.d.	8	
III Activos no corrientes y pasivos vinculados, mantenidos para la venta	n.d.	n.d.	n.d.	n.d.	n.d.	n.d.	n.d.	
IV Diferencia de conversión	n.d.	n.d.	-2	n.d.	n.d.	n.d.	0	
V Otros	-9	-1	n.d.	-8	-8	231	-79	877,80%
A-3) Subvenciones, donaciones y legados recibidos	47	40	163	98	394	253	33	70,20%
B) Pasivo no corriente	66.603	81.927	82.909	61.039	61.812	74.059	35.550	53,40%
I Provisiones a largo plazo	18.592	13.935	12.461	13.537	14.144	12.921	10.955	58,90%
1. Obligaciones por prestaciones a largo plazo al personal	361	378	322	283	275	260	n.d.	
2. Actuaciones medioambientales	n.d.	n.d.	n.d.	n.d.	n.d.	n.d.	n.d.	
3. Provisiones por reestructuración	5.999	5.999	n.d.	6.060	6.060	6.060	6.060	101,00%
4. Otras provisiones	11.795	7.557	12.139	7.194	7.809	6.601	4.895	41,50%
II Deudas a largo plazo	27.596	40.281	49.588	40.729	40.036	56.732	21.171	76,70%
1. Obligaciones y otros valores negociables	n.d.	n.d.	n.d.	n.d.	n.d.	n.d.	n.d.	
2. Deudas con entidades de crédito	24.995	36.250	47.211	38.142	19.823	30.513	19.829	79,30%
3. Acreedores por arrendamiento financiero	140	700	584	954	779	624	417	297,90%
4. Derivados	779	1.078	939	611	216	n.d.	n.d.	
5. Otros pasivos financieros	1.682	2.252	855	1.023	19.218	25.595	925	55,00%
III Deudas con empresas del grupo y asociadas a largo plazo	13.065	20.175	15.190	3.325	4.821	1.592	2.800	21,40%
IV Pasivos por impuesto diferido	7.107	7.360	5.494	3.239	2.415	2.395	197	2,80%
V Periodificaciones a largo plazo	243	177	175	209	396	419	426	175,30%
VI Acreedores comerciales no corrientes	n.d.	n.d.	n.d.	n.d.	n.d.	n.d.	n.d.	
VII Deuda con características especiales a largo plazo	n.d.	n.d.	n.d.	n.d.	n.d.	n.d.	n.d.	
C) Pasivo corriente	599.653	521.116	479.360	443.774	418.577	355.761	276.429	46,10%
I Pasivos vinculados con activos no corrientes mantenidos para la venta	n.d.	n.d.	n.d.	n.d.	n.d.	n.d.	n.d.	
II Provisiones a corto plazo	29.085	19.264	15.143	15.876	12.950	12.630	12.347	42,50%
III Deudas a corto plazo	126.261	128.233	66.615	40.545	37.543	15.965	16.576	13,10%
1. Obligaciones y otros valores negociables	399	55.525	n.d.	n.d.	n.d.	50	n.d.	
2. Deudas con entidades de crédito	124.738	70.947	61.197	37.318	34.771	14.050	11.229	9,00%
3. Acreedores por arrendamiento financiero	127	182	165	231	202	222	245	192,90%
4. Derivados	n.d.	53	n.d.	3	114	55	n.d.	
5. Otros pasivos financieros	851	1.526	5.253	2.991	2.456	1.588	5.102	599,50%
IV Deudas con empresas del grupo y asociadas a corto plazo	99.514	101.000	130.657	142.349	152.792	145.645	101.553	102,00%
V Acreedores comerciales y otras cuentas a pagar	342.772	271.032	265.149	244.092	214.389	179.799	145.175	42,40%
1. Proveedores	106.249	118.181	121.380	105.553	82.390	72.081	50.427	47,50%
a) Proveedores a largo plazo	n.d.	40	n.d.	n.d.	n.d.	43	n.d.	
b) Proveedores a corto plazo	106.249	118.141	121.380	105.553	82.390	72.038	50.427	47,50%
2. Proveedores, empresas del grupo y asociadas	106.693	29.675	26.893	41.355	40.628	25.310	18.615	17,40%
3. Acreedores varios	100.688	92.451	90.891	71.503	65.037	62.677	61.405	61,00%
4. Personal (remuneraciones pendientes de pago)	9.747	9.965	7.512	7.121	11.224	6.639	4.984	51,10%
5. Pasivos por impuesto corriente	5.512	3.031	4.058	3.251	3.178	1.490	1.035	18,80%
6. Otras deudas con las Administraciones Públicas	6.548	12.516	8.576	9.968	8.178	8.352	6.072	92,70%
7. Anticipos de clientes	4.102	5.211	5.661	4.216	3.754	3.250	2.636	64,30%
VI Periodificaciones a corto plazo	2.022	1.586	1.795	913	902	1.722	778	38,50%
VII Deuda con características especiales a corto plazo	n.d.	n.d.	n.d.	n.d.	n.d.	n.d.	n.d.	
Total patrimonio neto y pasivo (A + B + C)	1.276.005	1.215.508	1.068.671	1.006.307	956.286	875.322	673.480	52,80%

Anexo 8. Cuenta de resultados agregada de las empresas pequeña

	2008	2009	2010	2011	2012	2013	2014	Nº ÍNDICE 2008-2014
A) Operaciones continuadas								
1. Importe neto de la cifra de negocios	748.504	718.318	655.740	641.807	553.441	481.927	409.888	54,8%
a) Ventas	646.430	656.272	583.247	565.689	422.799	434.717	302.699	46,8%
b) Prestaciones de servicios	79.153	62.046	62.252	61.091	121.563	39.790	104.555	132,1%
2. Variación de existencias de productos terminados y en curso de fabricación	4.426	-12.987	-10.736	-5.754	-1.655	-6.349	-1.286	
3. Trabajos realizados por la empresa para su activo	2.569	2.403	1.770	2.286	1.774	2.170	456	17,8%
4. Aprovisionamientos	-375.144	-327.463	-286.791	-286.640	-251.934	-225.539	-191.396	51,0%
a) Consumo de mercaderías	-193.626	-172.252	-138.462	-140.258	-125.512	-112.488	-93.060	48,1%
b) Consumo de materias primas y otras materias consumibles	-71.193	-67.674	-65.130	-68.964	-58.500	-43.439	-41.128	57,8%
c) Trabajos realizados por otras empresas	-96.105	-88.781	-81.863	-81.527	-67.420	-68.140	-56.658	59,0%
d) Deterioro de mercaderías, materias primas y otros aprovisionamientos	-1.243	1.244	1.681	8.551	1.982	525	-551	44,3%
5. Otros ingresos de explotación	22.980	25.902	23.159	23.346	22.637	18.342	14.941	65,0%
a) Ingresos accesorios y otros de gestión corriente	20.955	24.135	21.968	22.321	22.022	17.738	14.358	68,5%
b) Subvenciones de explotación incorporadas al resultado del ejercicio	1.653	1.768	1.183	1.012	601	593	582	35,2%
6. Gastos de personal	-115.325	-110.534	-92.809	-90.640	-86.674	-79.031	-56.540	49,0%
a) Sueldos, salarios y asimilados	-94.333	-91.847	-75.277	-73.350	-70.226	-62.951	-45.831	48,6%
b) Cargas sociales	-18.406	-18.398	-15.880	-15.656	-15.453	-14.846	-10.697	58,1%
c) Provisiones	-504	-289	-46	n.d.	204	n.d.	-12	2,4%
7. Otros gastos de explotación	-240.790	-235.627	-214.394	-213.774	-188.687	-158.349	-135.105	56,1%
a) Servicios exteriores	-228.835	-222.428	-203.537	-192.711	-177.964	-148.149	-131.540	57,5%
b) Tributos	-1.238	-1.224	-1.451	-1.409	-983	-790	-387	31,3%
c) Pérdidas, deterioro y variación de provisiones por operaciones comerciales	1.269	-7.279	-2.557	-8.763	-1.967	-2.247	-544	
d) Otros gastos de gestión corriente	-6.765	-4.696	-2.811	-5.421	-3.374	-3.644	-2.634	38,9%
8. Amortización del inmovilizado	-14.740	-30.222	-23.232	-20.354	-17.482	-18.624	-13.255	89,9%
9. Imputación de subvenciones de inmovilizado no financiero y otras	7	7	25	3	170	165	n.d.	
10. Excesos de provisiones	1.318	430	1.687	319	984	811	431	32,7%
11. Deterioro y resultado por enajenaciones del inmovilizado	-3.682	-13.379	-6.200	-1.537	-11.843	-3.147	-3.957	107,5%
a) Deterioro y pérdidas	-4.171	-13.588	-5.298	-6.948	-10.014	-2.367	-2.009	48,2%
b) Resultados por enajenaciones y otras	-2	209	-902	5.407	-1.829	-778	-354	17700,0%
12. Diferencia negativa de combinaciones de negocio	n.d.	n.d.	-1	n.d.	n.d.	n.d.	n.d.	
13. Otros resultados	-2.244	-1.592	-782	477	-408	-433	366	
A1) Resultado de explotación (1+2+3+4+5+6+7+8+9+10+11+12+13)	27.878	15.257	47.435	49.538	20.325	11.944	24.543	88,0%
14. Ingresos financieros	29.563	9.795	17.300	13.641	12.002	10.797	9.676	32,7%
a) De participaciones en instrumentos de patrimonio	18.860	1.922	12.205	7.340	1.076	2.227	2.533	13,4%
a) En empresas del grupo y asociadas	18.533	573	11.977	7.334	929	2.139	2.533	13,7%
b) En terceros	327	1.349	228	6	147	88	0	0,0%
b) De valores negociables y otros instrumentos financieros	10.014	7.873	5.025	6.200	10.897	8.565	7.143	71,3%
a) De empresas del grupo y asociadas	5.366	3.528	2.063	3.401	4.687	4.441	3.708	69,1%
b) De terceros	4.648	4.345	2.962	2.799	6.210	4.124	3.435	73,9%
c) Imputación de subvenciones, donaciones y legados de carácter financiero	n.d.	n.d.	n.d.	n.d.	n.d.	n.d.	n.d.	
15. Gastos financieros	-11.369	-9.514	-8.690	-8.647	-8.721	-9.756	-6.216	54,7%
a) Por deudas con empresas del grupo y asociadas	-5.126	-2.992	-3.268	-3.260	-5.610	-5.627	-2.720	53,1%
b) Por deudas con terceros	-5.503	-6.522	-5.418	-5.383	-3.111	-4.129	-3.496	63,5%
c) Por actualización de provisiones	-613	n.d.	n.d.	n.d.	n.d.	n.d.	n.d.	
16. Variación de valor razonable en instrumentos financieros	-1.318	1.086	-596	-95	1.061	33	1.143	
a) Cartera de negociación y otros	-1.318	1.086	-674	-32	980	18	1.143	
b) Imputación al resultado del ejercicio por activos financieros disponibles para la venta	n.d.	n.d.	-53	-6	n.d.	n.d.	n.d.	
17. Diferencias de cambio	-17	-1.368	1.792	-381	-441	-1.551	-775	4558,8%
18. Deterioro y resultado por enajenaciones de instrumentos financieros	-10.503	-821	-7.016	-294	-12.760	-12.673	-102	1,0%
a) Deterioros y pérdidas	-10.178	1.972	1.549	1.481	-10.322	-12.412	-3.178	31,2%
b) Resultados por enajenaciones y otras	-322	-2.793	-8.561	-1.775	-2.437	-261	3.076	
19. Otros ingresos y gastos de carácter financiero	n.d.	n.d.	n.d.	n.d.	n.d.	n.d.	n.d.	
a) Incorporación al activo de gastos financieros	n.d.	n.d.	n.d.	n.d.	n.d.	n.d.	n.d.	
b) Ingresos financieros derivados de convenios de acreedores	n.d.	n.d.	n.d.	n.d.	n.d.	n.d.	n.d.	
c) Resto de ingresos y gastos	n.d.	n.d.	n.d.	n.d.	n.d.	n.d.	n.d.	
A2) Resultado financiero (14+15+16+17+18+19)	6.356	-823	2.791	4.224	-8.859	-13.150	3.726	58,6%
A3) Resultado antes de impuestos (A1+A2)	34.234	14.434	50.226	53.762	11.466	-1.206	28.268	82,6%
19. Impuestos sobre beneficios	-4.337	-1.639	-9.120	-14.121	-9.033	-6.399	-10.770	248,3%
A4) Resultado del ejercicio procedente de operaciones continuadas (A3+19)	27.832	12.795	39.860	36.533	1.450	-7.972	17.498	62,9%
B) Operaciones interrumpidas								
20. Resultado del ejercicio procedente de operaciones interrumpidas neto de impuestos	-1.717	-3.430	-8.741	-1.309	-969	n.d.	n.d.	
A5) Resultado del ejercicio (A4+20)	28.179	9.365	32.366	38.333	1.463	-7.605	17.498	62,1%

Anexo 9. Estado de flujos de efectivo agregado de las empresas pequeñas

	2008	2009	2010	2011	2012	2013	2014	Nº ÍNDICE 2008-2014
A) Flujos de efectivo de las actividades de explotación								
1. Resultado del ejercicio antes de impuestos	29.703	9.534	32.839	46.070	11.466	-1.206	27.845	93,7%
2. Ajustes del resultado	48.172	63.467	43.841	32.459	46.639	39.983	17.994	37,4%
a) Amortización del inmovilizado (+)	29.666	29.579	24.664	17.552	19.114	19.480	13.716	46,2%
b) Correcciones valorativas por deterioro (+/-)	16.735	22.319	3.332	5.371	18.763	14.579	6.126	36,6%
c) Variación de provisiones (+/-)	16.785	8.329	3.887	-2.031	6.724	1.274	-888	
d) Imputación de subvenciones (-)	34	-297	-251	-334	-447	-191	-68	
e) Resultados por bajas y enajenaciones del inmovilizado (+/-)	371	6.988	1.691	993	697	1.044	540	145,6%
f) Resultados por bajas y enajenaciones de instrumentos financieros (+/-)	781	375	1.640	2.164	311	762	n.d.	
g) Ingresos financieros (-)	-25.116	-8.697	-16.585	-5.399	-9.223	-7.409	-6.880	27,4%
h) Gastos financieros (+)	8.589	8.880	8.875	5.747	8.290	8.099	4.769	55,5%
i) Diferencias de cambio (+/-)	118	1.213	-795	377	346	1.589	332	281,4%
j) Variación de valor razonable en instrumentos financieros (+/-)	1.326	-920	2.018	958	3.635	614	-760	
k) Otros ingresos y gastos (-/+)	-1.116	-4.329	8.559	170	-1.572	143	-1.252	112,2%
3. Cambios en el capital corriente	-23.184	101.912	19.964	13.039	-15.174	4.613	6.424	
a) Existencias (+/-)	-10.182	14.557	12.352	12.830	-1.533	8.787	-6.081	59,7%
b) Deudores y otras cuentas para cobrar (+/-)	-7.787	165.237	5.313	10.183	20.138	33.222	16.105	
c) Otros activos corrientes (+/-)	19.889	6.122	9.680	5.252	-2.462	3.599	-1.209	
d) Acreedores y otras cuentas para pagar (+/-)	-22.546	-72.107	797	-15.048	-33.227	-39.264	-2.292	10,2%
e) Otros pasivos corrientes (+/-)	-4.617	-11.196	-6.380	-780	1.791	-1.612	-216	4,7%
f) Otros activos y pasivos no corrientes (+/-)	2.059	824	-1.799	601	119	-118	117	5,7%
4. Otros flujos de efectivo de las actividades de explotación	-866	-1.792	6.327	-10.385	-5.412	-6.796	-3.634	419,6%
a) Pagos de intereses (-)	-6.868	-7.084	-7.010	-5.655	-6.488	-5.477	-3.920	57,1%
b) Cobros de dividendos (+)	17.199	8.004	19.353	7.027	5.580	5.193	5.023	29,2%
c) Cobros de intereses (+)	7.692	6.790	3.977	3.933	7.355	3.000	4.573	59,5%
d) Cobros (pagos) por impuesto sobre beneficios (+/-)	-13.078	-13.297	-10.384	-15.530	-11.818	-8.748	-8.960	68,5%
e) Otros pagos (cobros) (-/+)	-5.810	3.796	392	-160	-41	-764	-350	6,0%
5. Flujos de efectivo de las actividades de explotación (1 + 2 + 3 + 4)	53.816	173.121	99.355	76.200	36.135	36.594	48.709	90,5%
B) Flujos de efectivo de las actividades de inversión								
6. Pagos por inversiones (-)	-99.654	-212.360	-90.614	-64.720	-96.225	-69.076	-90.427	90,7%
a) Empresas del grupo y asociadas	-10.177	-129.782	-18.658	-7.863	-16.710	-20.628	-11.314	111,2%
b) Inmovilizado intangible	-37.956	-36.237	-28.644	-22.293	-22.133	-20.444	-22.494	59,3%
c) Inmovilizado material	-2.277	-4.263	-1.352	-2.036	-694	-1.490	-661	29,0%
d) Inversiones inmobiliarias	-4	-177	n.d.	n.d.	n.d.	-64	-387	9675,0%
e) Otros activos financieros	-49.208	-45.284	-38.076	-28.579	-56.558	-26.431	-55.491	112,8%
f) Activos no corrientes mantenidos para venta	n.d.	n.d.	n.d.	n.d.	n.d.	n.d.	n.d.	
g) Unidad de negocio	n.d.	n.d.	-2	n.d.	n.d.	n.d.	n.d.	
h) Otros activos	-31	-55	-3.882	-3.951	-130	-20	-67	216,1%
7. Cobros por desinversiones (+)	32.230	61.320	52.285	50.923	69.305	48.398	66.362	205,9%
a) Empresas del grupo y asociadas	14.674	15.687	20.881	6.605	24.480	8.826	11.595	79,0%
b) Inmovilizado intangible	919	2.104	1.317	864	101	82	264	28,7%
c) Inmovilizado material	-169	795	146	1.048	141	34	6	
d) Inversiones inmobiliarias	n.d.	214	n.d.	n.d.	42	n.d.	n.d.	
e) Otros activos financieros	15.275	38.300	29.625	42.406	41.396	38.597	51.425	336,7%
f) Activos no corrientes mantenidos para venta	258	n.d.	n.d.	n.d.	27	n.d.	n.d.	
g) Unidad de negocio	n.d.	1.904	n.d.	n.d.	n.d.	n.d.	n.d.	
h) Otros activos	1.048	n.d.	316	n.d.	n.d.	n.d.	n.d.	
8. Flujos de efectivo de las actividades de inversión (6 + 7)	-67.423	-151.040	-38.329	-13.798	-26.920	-20.678	-24.065	35,7%
C) Flujos de efectivo de las actividades de financiación								
9. Cobros y pagos por instrumentos de patrimonio	5.927	-678	6.827	8.584	3.207	5.957	14.743	248,7%
a) Emisión de instrumentos de patrimonio (+)	9.848	5.891	6.621	6.548	2.978	6.392	14.785	150,1%
b) Amortización de instrumentos de patrimonio (-)	-67	n.d.	-129	-973	-18	-688	-81	120,9%
c) Adquisición de instrumentos de patrimonio propio (-)	-4.663	-6.953	-18	-387	-159	n.d.	-30	0,6%
d) Enajenación de instrumentos de patrimonio propio (+)	675	1	n.d.	n.d.	n.d.	0	n.d.	
e) Subvenciones, donaciones y legados recibidos (+)	135	382	353	3.395	405	252	68	50,4%
10. Cobros y pagos por instrumentos de pasivo financiero	68.819	26.875	-43.845	-33.068	11.731	-8.831	-12.882	
a) Emisión	101.201	102.234	94.463	26.540	47.327	54.134	34.401	34,0%
1. Obligaciones y otros valores negociables (+)	n.d.	14	n.d.	n.d.	n.d.	n.d.	27	
2. Deudas con entidades de crédito (+)	57.653	65.764	33.885	18.525	17.830	29.897	18.210	31,6%
3. Deudas con empresas del grupo y asociadas (+)	40.716	31.982	57.548	3.765	10.786	20.338	15.646	38,4%
4. Deudas con características especiales (+)	n.d.	n.d.	n.d.	n.d.	960	n.d.	n.d.	
5. Otras deudas (+)	2.833	4.475	3.031	4.251	17.751	3.898	518	18,3%
b) Devolución y amortización de	-32.563	-75.359	-138.308	-59.609	-35.596	-62.965	-47.283	145,2%
1. Obligaciones y otros valores negociables (-)	n.d.	n.d.	n.d.	n.d.	n.d.	n.d.	n.d.	
2. Deudas con entidades de crédito (-)	-10.256	-48.031	-88.128	-22.212	-38.171	-37.104	-17.183	167,5%
3. Deudas con empresas del grupo y asociadas (-)	-21.317	-26.900	-47.791	-36.906	3.051	-24.647	-29.000	136,0%
4. Deudas con características especiales (-)	n.d.	n.d.	n.d.	n.d.	n.d.	n.d.	n.d.	
5. Otras deudas (-)	-990	-429	-2.389	-491	-476	-1.214	-1.101	111,2%
11. Pagos por dividendos y remuneraciones de otros instrumentos de patrimonio	-44.268	-45.960	-39.826	-29.589	-26.852	-10.108	-10.191	23,0%
a) Dividendos (-)	-44.268	-45.947	-39.809	-29.608	-26.862	-10.119	-10.191	23,0%
b) Remuneración de otros instrumentos de patrimonio (-)	n.d.	-13	-17	19	10	10	n.d.	
12. Flujos de efectivo de las actividades de financiación (9 + 10 + 11)	30.297	-15.568	-76.845	-54.074	-11.914	-12.983	-8.390	
D) Efecto de las variaciones de los tipos de cambio	81	-456	197	148	377	-614	-95	
E) Aumento/disminución neta del efectivo o equivalentes (5 + 8 + 12 + D)	16.772	-1.577	-15.621	8.476	-2.850	2.318	16.219	96,7%
Efectivo o equivalentes al comienzo del ejercicio	32.603	58.447	52.573	32.540	34.390	30.937	24.654	75,6%
Efectivo o equivalentes al final del ejercicio	53.933	50.651	37.115	28.554	26.458	32.225	40.389	74,9%

60

Anexo 10. Indicadores de rentabilidad de las empresas grandes

1-RESULTADO	2008	2009	2010	2011	2012	2013	2014
RESULTADO DEL EJERCICIO							
Ventas	1.306.857	1.620.212	1.658.500	1.582.743	1.427.419	1.345.792	1.115.763
Resultado de explotación	94.902	22.813	63.847	-314.680	-279.199	9.533	-4.693
Resultado financiero	-30.528	13.691	-36.104	-69.569	-184.641	-49.128	64.355
Resultado antes de impuestos	64.374	36.503	27.743	-384.249	-463.839	-39.595	59.662
Resultado operaciones continuadas	50.328	-8.485	24.982	-338.840	-479.453	-56.885	20.195
Resultado operaciones interrumpidas	-2055	n.d.	-287	-193	-1462	n.d.	n.d.
Resultado del ejercicio	64.611	14.687	24.645	-329.263	-480.673	-56.603	20.195
EBITDA (Resultado bruto de explotación)	142.152	89.704	157.846	161.703	222.845	100.103	-22.797
Recursos generados	119.690	66.904	131.907	150.926	35.901	35.860	8.752
ESTRUCTURA Y TENDENCIA							
Ventas	1.306.857	1.620.212	1.658.500	1.582.743	1.427.419	1.345.792	1.115.763
Aprovisionamientos/Ventas	43,7%	38,7%	34,8%	35,9%	36,4%	36,1%	34,1%
Gastos personal/Ventas	26,5%	23,4%	23,3%	24,5%	28,0%	27,6%	27,6%
Otros gastos explotación/Ventas	30,3%	38,4%	40,0%	39,3%	38,9%	39,1%	42,3%
Amortización/Ventas	4,2%	3,5%	2,9%	3,4%	3,6%	3,3%	3,2%
Resultado explotación/Ventas	7,3%	1,4%	3,8%	-19,9%	-19,6%	0,7%	-0,4%
Gastos financieros/Ventas	8,9%	3,8%	3,5%	4,4%	3,7%	3,7%	3,0%
Resultado ejercicio/Ventas	4,9%	0,9%	1,5%	-20,8%	-33,7%	-4,2%	1,8%
EBITDA/Ventas	0,11	0,06	0,10	0,10	0,16	0,07	0,02
Recursos generados/Ventas	0,09	0,04	0,08	0,10	0,03	0,03	0,01
POLÍTICAS APLICADAS							
P.Comercial (Margen bruto comercial)	56,3%	61,3%	65,2%	64,1%	63,6%	63,9%	65,9%
P.Personal (Productividad. Ventas por empleado)	202,27	244,89	249,06	240,90	213,59	197,53	220,64
P.Personal (Coste por trabajador)	53,54	57,20	57,98	59,06	59,87	54,45	60,89
P.Recuperación inversiones (Ritmo amortización. Años)	1,97	1,77	1,85	1,20	1,26	1,30	1,28
P.Financiera (Coste efectivo de a deuda)	18,4%	9,8%	37,0%	67,5%	49,5%	45,3%	28,1%
P.Fiscal (tasa impositiva efectiva)	30%	30%	30%	30%	30%	30%	30%

2-INVERSIÓN FINANCIACIÓN	2008	2009	2010	2011	2012	2013	2014
ESTRUCTURA ECONÓMICO-FINANCIERA							
Inmovilizado (Activo no corriente)	2.342.722	2.356.151	2.219.386	1.844.702	1.359.945	1.359.093	1.061.468
Activo circulante (Activo corriente)	969.843	1.053.369	1.065.752	1.002.346	934.700	857.886	850.747
Total activo	3.312.565	3.409.520	3.285.138	2.847.049	2.294.645	2.216.980	1.912.215
Recursos propios (Patrimonio neto)	915.840	945.821	982.766	517.122	479.499	777.049	553.767
Pasivo exigible a largo plazo (Pasivo no corriente)	1.080.159	942.082	1.075.319	1.029.009	647.847	782.144	518.972
Pasivo circulante(Pasivo corriente)	1.316.566	1.521.617	1.227.054	1.300.918	1.167.299	657.787	839.476
Total pasivo (PN+PNC+PC)	3.312.565	3.409.520	3.285.138	2.847.049	2.294.645	2.216.980	1.912.215
POSICIÓN Y TENDENCIA							
Total activo	3.312.565	3.409.520	3.285.138	2.847.049	2.294.645	2.216.980	1.912.215
Inmovilizado/AT	70,7%	69,1%	67,6%	64,8%	59,3%	61,3%	55,5%
IM/AT	3,3%	2,9%	2,7%	2,3%	2,8%	2,6%	2,4%
Activo circulante/AT	29,3%	30,9%	32,4%	35,2%	40,7%	38,7%	44,5%
Realizable condicionado/AT	4,3%	3,9%	3,8%	4,4%	4,9%	3,9%	3,3%
Realizable cierto/AT	23,6%	25,6%	27,4%	29,0%	33,5%	33,6%	39,8%
Deudores comerciales/AT	15,3%	17,0%	16,7%	17,8%	21,4%	20,9%	18,6%
Disponible/AT	1,4%	1,4%	1,2%	1,8%	2,4%	1,2%	1,4%
Total pasivo	3.312.565	3.409.520	3.285.138	2.847.049	2.294.645	2.216.980	1.912.215
Recursos propios/PT	27,6%	27,7%	29,9%	18,2%	20,9%	35,0%	29,0%
Pasivo exigible LP/PT	32,6%	27,6%	32,7%	36,1%	28,2%	35,3%	27,1%
Pasivo circulante/PT	39,7%	44,6%	37,4%	45,7%	50,9%	29,7%	43,9%
Acreedores comerciales/PT	14,7%	15,0%	14,2%	15,9%	17,5%	17,5%	17,1%

3-RENTABILIDAD	2008	2009	2010	2011	2012	2013	2014
RENTABILIDAD ECONÓMICA							
ROI = Bº/ATN	2,0%	0,4%	0,8%	-11,6%	-20,9%	-2,6%	1,1%
Margen = Bº/Ventas	4,9%	0,9%	1,5%	-20,8%	-33,7%	-4,2%	1,8%
Rotación = Ventas/ATN	0,39	0,48	0,50	0,56	0,62	0,61	0,58
RENTABILIDAD FINANCIERA							
R1 = Bº/RP	7,1%	1,6%	2,5%	-63,7%	-100,2%	-7,3%	3,6%
R2 = (Bº+GF-AF)/(RP+Pex*)	10,8%	4,2%	6,0%	-47,6%	-79,8%	-2,5%	6,9%
R3 = (GF-AF)/Pex*	18,4%	9,8%	37,0%	67,5%	49,5%	45,3%	28,1%
Efecto AF = (R2-R3)Pex*/RP	-3,7%	-2,6%	-3,5%	-16,1%	-20,4%	-4,8%	-3,2%
RENTABILIDAD DE LOS RECURSOS PROPIOS (R1)							
Bº/Ventas	4,9%	0,9%	1,5%	-20,8%	-33,7%	-4,2%	1,8%
Ventas/ATN	0,39	0,48	0,50	0,56	0,62	0,61	0,58
ATN/Pex	138,2%	138,4%	142,7%	122,2%	126,4%	154,0%	140,8%
PEx/RP	261,7%	260,5%	234,3%	450,6%	378,6%	185,3%	245,3%
RIQUEZA GENERADA	583.947	541.660	564.437	552.286	487.280	470.681	382.519
Valor añadido producido	503.042	481.373	516.520	500.200	444.977	437.387	349.611
Resultados enajenaciones	-2.244	12.400	-11.891	6.991	139	-5.872	-1.282
Valor añadido atribuido	83.149	47.887	59.808	45.095	42.164	39.166	34.190
RIQUEZA DISTRIBUIDA	596.266	593.091	564.323	1.318.727	1.449.458	583.461	512.756
Personal	58,0%	63,8%	68,4%	29,4%	27,6%	63,6%	60,0%
Capital ajeno	19,5%	10,4%	10,2%	5,3%	3,7%	8,6%	6,6%
Estructura económica	11,3%	19,7%	16,5%	36,1%	34,5%	15,2%	21,7%
Sociedad	0,4%	3,7%	0,5%	4,2%	1,1%	2,9%	7,7%
Capital propio	10,8%	2,5%	4,4%	25,0%	33,2%	9,7%	3,9%

Anexo 11. Indicadores de rentabilidad de las empresas medianas

3-RESULTADO	2.008	2.009	2.010	2.011	2.012	2.013	2.014
RESULTADO DEL EJERCICIO							
Ventas	2.845.446	2.555.030	2.553.018	2.436.510	2.184.996	2.002.660	1.717.095
Resultado de explotación	109.823	6.394	134.920	103.641	7.846	9.465	55.494
Resultado financiero	39.780	5.669	41.090	50.331	32.052	3.614	28.773
Resultado antes de impuestos	149.604	12.063	176.010	153.972	39.897	13.079	84.267
Resultado operaciones continuadas	117.059	12.227	138.867	128.194	26.176	-4.793	41.419
Resultado operaciones interrumpidas	-257	-1.276	-322	-566	-3	n.d.	152
Resultado del ejercicio	119.647	11.644	138.831	123.798	25.624	-5.079	41.571
EBITDA (Resultado bruto de explotación)	184.894	88.467	205.874	181.654	109.409	76.484	98.660
Recursos generados	168.647	82.227	208.400	189.681	136.689	69.430	88.388
ESTRUCTURA Y TENDENCIA							
Ventas	2.845.446	2.555.030	2.553.018	2.436.510	2.184.996	2.002.660	1.717.095
Aprovisionamientos/Ventas	42,3%	40,7%	39,9%	39,7%	40,6%	38,5%	35,0%
Gastos personal/Ventas	21,9%	24,1%	21,2%	22,4%	23,8%	25,0%	25,9%
Otros gastos explotación/Ventas	35,8%	37,2%	36,7%	37,0%	37,0%	38,8%	39,6%
Amortización/Ventas	2,1%	2,4%	2,3%	2,1%	2,1%	2,1%	2,2%
Resultado explotación/Ventas	3,9%	0,3%	5,3%	4,3%	0,4%	0,5%	3,2%
Gastos financieros/Ventas	0,9%	0,8%	0,8%	0,9%	0,9%	1,0%	1,5%
Resultado ejercicio/Ventas	4,2%	0,5%	5,4%	5,1%	1,2%	-0,3%	2,4%
EBITDA/Ventas	0,06	0,03	0,08	0,07	0,05	0,04	0,06
Recursos generados/Ventas	0,06	0,03	0,08	0,08	0,06	0,03	0,05
POLÍTICAS APLICADAS							
P.Comercial (Margen bruto comercial)	57,7%	59,3%	60,1%	60,3%	59,4%	61,5%	65,0%
P.Personal (Productividad. Ventas por empleado)	251,81	252,75	256,07	246,34	233,46	222,99	210,09
P.Personal (Coste por trabajador)	55,23	60,87	54,32	55,08	55,52	55,75	54,46
P.Recuperación inversiones (Ritmo amortización. Años)	4,38	3,95	4,11	4,27	4,22	4,33	4,87
P.Financiera (Coste efectivo de la deuda)	7,4%	6,5%	5,3%	6,7%	8,7%	8,9%	18,9%
P.Fiscal (tasa impositiva efectiva)	30%	30%	30%	30%	30%	30%	30%

2-INVERSIÓN FINANCIACIÓN	2008	2009	2010	2011	2012	2013	2014
ESTRUCTURA ECONÓMICO-FINANCIERA							
Inmovilizado (Activo no corriente)	1.143.050	1.108.873	1.216.436	1.201.137	1.063.310	1.057.076	1.054.967
Activo circulante (Activo corriente)	1.186.763	1.079.519	1.138.186	1.122.192	1.001.696	941.135	779.019
Total activo	2.329.813	2.188.392	2.354.622	2.323.329	2.065.006	1.998.211	1.833.986
Recursos propios (Patrimonio neto)	962.002	930.214	1.040.583	1.082.737	990.627	832.288	874.222
Pasivo exigible a largo plazo (Pasivo no corriente)	374.426	384.754	422.614	387.635	329.618	392.519	309.412
Pasivo circulante(Pasivo corriente)	993.386	873.425	891.424	852.956	744.761	773.404	650.352
Total pasivo (PN+PNC+PC)	2.329.813	2.188.392	2.354.622	2.323.329	2.065.006	1.998.211	1.833.986
POSICIÓN Y TENDENCIA							
Total activo	2.329.813	2.188.392	2.354.622	2.323.329	2.065.006	1.998.211	1.833.986
Inmovilizado/AT	49,1%	50,7%	51,7%	51,7%	51,5%	52,9%	57,5%
IM/AT	11,2%	10,9%	10,3%	9,4%	9,4%	9,3%	10,2%
Activo circulante/AT	50,9%	49,3%	48,3%	48,3%	48,5%	47,1%	42,5%
Realizable condicionado/AT	6,1%	5,5%	5,0%	5,3%	5,6%	4,8%	4,2%
Realizable cierto/AT	42,1%	40,4%	40,3%	40,3%	40,7%	39,8%	36,9%
Deudores comerciales/AT	30,2%	27,9%	26,9%	25,8%	23,6%	23,5%	22,1%
Disponible/AT	2,7%	3,4%	3,0%	2,6%	2,3%	2,5%	1,3%
Total pasivo	2.329.813	2.188.392	2.354.622	2.323.329	2.065.006	1.998.211	1.833.986
Recursos propios/PT	41,3%	42,5%	44,2%	46,6%	48,0%	41,7%	47,7%
Pasivo exigible LP/PT	16,1%	17,6%	17,9%	16,7%	16,0%	19,6%	16,9%
Pasivo circulante/PT	42,6%	39,9%	37,9%	36,7%	36,1%	38,7%	35,5%
Acreedores comerciales/PT	25,3%	25,2%	23,1%	22,5%	23,1%	22,3%	18,3%

3-RENTABILIDAD	2.008	2.009	2.010	2.011	2.012	2.013	2.014
RENTABILIDAD ECONÓMICA							
ROI = Bº/ATN	5,1%	0,5%	5,9%	5,3%	1,2%	-0,3%	2,3%
Margen = Bº/Ventas	4,2%	0,5%	5,4%	5,1%	1,2%	-0,3%	2,4%
Rotación = Ventas/ATN	1,22	1,17	1,08	1,05	1,06	1,00	0,94
RENTABILIDAD FINANCIERA							
R1 = Bº/RP	12,4%	1,3%	13,3%	11,4%	2,6%	-0,6%	4,8%
R2 = (Bº+GF-AF)/(RP+Pex*)	11,4%	2,2%	11,7%	10,6%	3,4%	0,9%	6,1%
R3 = (GF-AF)/Pex*	7,4%	6,5%	5,3%	6,7%	8,7%	8,9%	18,9%
Efecto AF = (R2-R3)Pex*/RP	1,0%	-1,0%	1,6%	0,8%	-0,8%	-1,5%	-1,4%
RENTABILIDAD DE LOS RECURSOS PROPIOS (R1)							
Bº/Ventas	4,2%	0,5%	5,4%	5,1%	1,2%	-0,3%	2,4%
Ventas/ATN	1,22	1,17	1,08	1,05	1,06	1,00	0,94
ATN/Pex	170,3%	173,9%	179,2%	187,3%	192,2%	171,4%	191,1%
PEx/RP	142,2%	135,3%	126,3%	114,6%	108,5%	140,1%	109,8%
RIQUEZA GENERADA	888.439	725.206	802.767	799.178	677.551	598.733	593.894
Valor añadido producido	775.080	671.778	735.457	696.560	607.259	557.571	536.463
Resultados enajenaciones	32.679	20.822	6.320	14.818	-2.319	-1.255	-556
Valor añadido atribuido	80.680	32.606	60.990	87.800	72.611	42.417	57.987
RIQUEZA DISTRIBUIDA	874.838	727.943	802.434	801.428	679.785	610.295	598.732
Personal	71,3%	84,5%	67,5%	68,0%	76,4%	82,0%	74,3%
Capital ajeno	2,9%	2,7%	2,4%	2,7%	2,8%	3,2%	4,3%
Estructura económica	8,7%	11,1%	8,2%	10,1%	14,9%	10,9%	7,3%
Sociedad	3,4%	0,1%	4,6%	3,7%	2,1%	3,0%	7,2%
Capital propio	13,7%	1,6%	17,3%	15,4%	3,8%	0,8%	6,9%

Anexo 12. Indicadores de rentabilidad de empresas pequeñas

1-RESULTADO	2.008	2.009	2.010	2.011	2.012	2.013	2.014
RESULTADO DEL EJERCICIO							
Ventas	748.504	718.318	655.740	641.807	553.441	481.927	409.888
Resultado de explotación	27.878	15.257	47.435	49.538	20.325	11.944	24.543
Resultado financiero	6.356	-823	2.791	4.224	-8.859	-13.150	3.726
Resultado antes de impuestos	34.234	14.434	50.226	53.762	11.466	-1.206	28.268
Resultado operaciones continuadas	27.832	12.795	39.860	36.533	1.450	-7.972	17.498
Resultado operaciones interrumpidas	-1717	-3430	-8741	-1309	-969	n.d.	n.d.
Resultado del ejercicio	28.179	9.365	32.366	38.333	1.463	-7.605	17.498
EBITDA (Resultado bruto de explotación)	74.279	67.155	75.431	72.461	58.202	46.003	44.385
Recursos generados	92.879	72.622	77.111	63.553	49.034	31.689	35.244
ESTRUCTURA Y TENDENCIA							
Ventas	748.504	718.318	655.740	641.807	553.441	481.927	409.888
Aprovisionamientos/Ventas	50,1%	45,6%	43,7%	44,7%	45,5%	46,8%	46,7%
Gastos personal/Ventas	15,4%	15,4%	14,2%	14,1%	15,7%	16,4%	13,8%
Otros gastos explotación/Ventas	32,2%	32,8%	32,7%	33,3%	34,1%	32,9%	33,0%
Amortización/Ventas	2,0%	4,2%	3,5%	3,2%	3,2%	3,9%	3,2%
Resultado explotación/Ventas	3,7%	2,1%	7,2%	7,7%	3,7%	2,5%	6,0%
Gastos financieros/Ventas	1,5%	1,3%	1,3%	1,3%	1,6%	2,0%	1,5%
Resultado ejercicio/Ventas	3,8%	1,3%	4,9%	6,0%	0,3%	-1,6%	4,3%
EBITDA/Ventas	0,10	0,09	0,12	0,11	0,11	0,10	0,11
Recursos generados/Ventas	0,12	0,10	0,12	0,10	0,09	0,07	0,09
POLÍTICAS APLICADAS							
P.Comercial (Margen bruto comercial)	49,9%	54,4%	56,3%	55,3%	54,5%	53,2%	53,3%
P.Personal (Productividad. Ventas por empleado)	318,38	346,18	351,79	368,22	343,33	326,95	399,50
P.Personal (Coste por trabajador)	49,05	53,27	49,79	52,00	53,77	53,62	55,11
P.Recuperación inversiones (Ritmo amortización. Años)	1,52	0,84	0,85	0,81	0,79	0,75	0,65
P.Financiera (Coste efectivo de la deuda)	5,3%	6,2%	5,6%	8,0%	11,2%	15,3%	14,0%
P.Fiscal (tasa impositiva efectiva)	30%	30%	30%	30%	30%	30%	30%

2-INVERSIÓN FINANCIACIÓN	2.008	2.009	2.010	2.011	2.012	2.013	2.014
ESTRUCTURA ECONÓMICO-FINANCIERA							
Inmovilizado (Activo no corriente)	396.608	515.461	407.579	352.956	326.429	340.963	167.062
Activo circulante (Activo corriente)	879.397	700.047	661.093	653.352	629.856	534.358	506.418
Total activo	1.276.005	1.215.508	1.068.671	1.006.307	956.286	875.322	673.480
Recursos propios (Patrimonio neto)	609.749	612.465	506.402	501.494	475.897	445.501	361.501
Pasivo exigible a largo plazo (Pasivo no corriente)	66.603	81.927	82.909	61.039	61.812	74.059	35.550
Pasivo circulante(Pasivo corriente)	599.653	521.116	479.360	443.774	418.577	355.761	276.429
Total pasivo (PN+PNC+PC)	1.276.005	1.215.508	1.068.671	1.006.307	956.286	875.322	673.480
POSICIÓN Y TENDENCIA							
Total activo	1.276.005	1.215.508	1.068.671	1.006.307	956.286	875.322	673.480
Inmovilizado/AT	31,1%	42,4%	38,1%	35,1%	34,1%	39,0%	24,8%
IM/AT	1,8%	2,1%	1,8%	1,6%	1,4%	1,6%	1,3%
Activocirculante/AT	68,9%	57,6%	61,9%	64,9%	65,9%	61,0%	75,2%
Realizable condicionado/AT	9,8%	10,6%	10,1%	9,8%	9,6%	8,2%	9,9%
Realizable cierto/AT	55,2%	42,6%	48,6%	52,1%	53,5%	49,7%	59,3%
Deudores comerciales/AT	37,2%	21,7%	24,0%	23,3%	22,4%	20,6%	19,7%
Disponible/AT	3,9%	4,4%	3,1%	3,0%	2,8%	3,1%	6,0%
Total pasivo	1.276.005	1.215.508	1.068.671	1.006.307	956.286	875.322	673.480
Recursos propios/PT	47,8%	50,4%	47,4%	49,8%	49,8%	50,9%	53,7%
Pasivo exigible LP/PT	5,2%	6,7%	7,8%	6,1%	6,5%	8,5%	5,3%
Pasivo circulante/PT	47,0%	42,9%	44,9%	44,1%	43,8%	40,6%	41,0%
Acreedores comerciales/PT	26,9%	22,3%	24,8%	24,3%	22,4%	20,5%	21,6%

3-RENTABILIDAD	2.008	2.009	2.010	2.011	2.012	2.013	2.014
RENTABILIDAD ECONÓMICA							
ROI = Bº/ATN	2,2%	0,8%	3,0%	3,8%	0,2%	-0,9%	2,6%
Margen = Bº/Ventas	3,8%	1,3%	4,9%	6,0%	0,3%	-1,6%	4,3%
Rotación = Ventas/ATN	0,59	0,59	0,61	0,64	0,58	0,55	0,61
RENTABILIDAD FINANCIERA							
R1 = Bº/RP	4,6%	1,5%	6,4%	7,6%	0,3%	-1,7%	4,8%
R2 = (Bº+GF-AF)/(RP+Pex*)	4,8%	2,2%	6,3%	7,7%	1,4%	-0,2%	5,6%
R3 = (GF-AF)/Pex*	5,3%	6,2%	5,6%	8,0%	11,2%	15,3%	14,0%
Efecto AF = (R2-R3)Pex*/RP	-0,1%	-0,7%	0,1%	0,0%	-1,1%	-1,5%	-0,7%
RENTABILIDAD DE LOS RECURSOS PROPIOS (R1)							
Bº/Ventas	3,8%	1,3%	4,9%	6,0%	0,3%	-1,6%	4,3%
Ventas/ATN	58,7%	59,1%	61,4%	63,8%	57,9%	55,1%	60,9%
ATN/Pex	191,5%	201,6%	190,1%	199,3%	199,1%	203,6%	215,9%
PEx/RP	109,3%	98,5%	111,0%	100,7%	100,9%	96,5%	86,3%
RIQUEZA GENERADA	189.685	174.483	170.744	177.068	144.103	121.407	110.694
Valor añadido producido	163.491	170.977	170.427	161.577	136.546	113.002	97.928
Resultados enajenaciones	-2.041	-6.014	-18.204	2.323	-5.235	-1.039	2.722
Valor añadido atribuido	28.235	9.520	18.521	13.168	12.792	9.444	10.044
RIQUEZA DISTRIBUIDA	188.299	176.834	173.064	180.524	143.709	136.194	109.466
Personal	61,2%	62,5%	53,6%	50,2%	60,3%	58,0%	51,7%
Capital ajeno	6,0%	5,4%	5,0%	4,8%	6,1%	7,2%	5,7%
Estructura económica	15,4%	25,9%	17,4%	15,9%	26,3%	24,5%	16,8%
Sociedad	2,3%	0,9%	5,3%	7,8%	6,3%	4,7%	9,8%
Capital propio	15,0%	5,3%	18,7%	21,2%	1,0%	5,6%	16,0%

Anexo 13. Indicadores de liquidez de empresas grandes

3-MARGEN DE SEGURIDAD FINANCIERO	2008	2009	2010	2011	2012	2013	2014
FONDO DE ROTACIÓN							
Fondo de rotación	-346.723	-468.248	-161.302	-298.572	-232.599	200.099	11.271
NECESIDADES DE FONDO DE ROTACIÓN							
Necesidades brutas de financiación del circulante	580.470	661.031	644.679	582.975	573.266	519.116	399.920
Necesidades de fondo de rotación de explotación	276.418	342.574	339.993	318.454	354.086	302.814	199.382
Necesidades de fondo de rotación	-392.291	-515.924	-202.213	-348.739	-287.412	173.850	-15.409
Disponible	45.568	47.676	40.911	50.167	54.813	26.249	26.680
Fondo de rotación	-346.723	-468.248	-161.302	-298.572	-232.599	200.099	11.271
Necesidad bruta de financiación por inversiones a largo plazo	2.342.722	2.356.151	2.219.386	1.844.702	1.359.945	1.359.093	1.061.468
Financiación a largo plazo	1.995.999	1.887.903	2.058.085	1.546.131	1.127.346	1.559.193	1.072.739
POLÍTICAS DE GESTIÓN DEL CIRCULANTE							
Consumo (Coste de ventas)	571.213	626.491	576.625	568.646	519.879	485.301	379.959
Periodo de almacenamiento = (Ex./C.VTAS.)*360	89,33	77,02	76,21	79,28	77,72	64,24	60,47
Variación consumo		9,7%	-8,0%	-1,4%	-8,6%	-6,7%	-21,7%
Ventas	1.306.857	1.620.212	1.658.500	1.582.743	1.427.419	1.345.792	1.115.763
Periodo de cobro = (CCA/V)*360	125	121	112	108	116	115	107
Variación ventas		24,0%	2,4%	-4,6%	-9,8%	-5,7%	-17,1%
Compras		618.776	564.661	571.819	506.886	459.661	357.177
Periodo de pago = (CCP/C)*360	28	24	23	23	23	26	23
Variación de compras			-8,7%	1,3%	-11,4%	-9,3%	-22,3%
Tesorería en días de compra 360/(Compras/Tesorería)		27,74	26,08	31,58	38,93	20,56	26,89
Periodo medio maduración	214,33	198,02	188,21	187,28	193,72	179,24	167,47
PMM-P.Pago	186,33	174,02	165,21	164,28	170,72	153,24	144,47
P.Pago/PMM	0,13	0,12	0,12	0,12	0,12	0,15	0,14

2-SOLVENCIA	2008	2009	2010	2011	2012	2013	2014
SOLVENCIA A CORTO PLAZO							
R.Circulante = AC/PC	73,7%	69,2%	86,9%	77,0%	80,1%	130,4%	101,3%
R.Liquidez = R+D/PC	62,8%	60,4%	76,8%	67,4%	70,5%	117,3%	93,7%
R.Disponibilidad = D/PC	3,5%	3,1%	3,3%	3,9%	4,7%	4,0%	3,2%
(PP/PMM)*NBFC	75832,22	80118,80	78783,95	71594,03	68061,33	75300,51	54925,02
CCP	304.052	318.457	304.686	264.521	219.180	216.302	200.538
SOLVENCIA A LARGO PLAZO							
R.Solvencia total = AT/PE	138,2%	138,4%	142,7%	122,2%	126,4%	154,0%	140,8%
Patrimonio contable	915.840	945.821	982.766	517.122	479.499	777.049	553.767
2/3 Capital social	138.680	150.054	167.250	167.183	216.381	208.089	187.574

3-LIQUIDEZ	2008	2009	2010	2011	2012	2013	2014
Resultado ejercicio	64.611	14.687	24.645	-329.263	-480.673	-56.603	20.195
Recursos generados	119.690	66.904	131.907	150.926	35.901	35.860	8.752
Variación diferimientos tesorería operaciones actividad	-95.751	-8.895	13.900	-26.642	6.220	8.847	84.978
TGO	23.939	58.009	145.807	124.284	42.121	44.707	93.730
TGI	-292.692	-14.906	29.373	-35.994	-52.369	-97.915	-117.115
TGF	269.456	-39.165	-161.901	-78.868	20.019	24.538	28.672
Variación tesorería	563	3.352	13.593	9.648	9.624	-28.774	5.359
Tesorería inicial	41.375	40.440	41.134	39.644	42.197	54.121	21.809
Tesorería final	42.347	43.791	38.881	49.080	51.974	26.803	26.680
Flujo libre de tesorería (TGO-TGI)	316.631	72.915	116.434	160.278	94.490	142.622	210.845
+/-Tesorería generada por las operaciones	23.939	58.009	145.807	124.284	42.121	44.707	93.730
+/-Variación de tesorería y equivalentes	-563	-3.352	-13.593	-9.648	-9.624	28.774	-5.359
=Disp/Nec. Tesorería generada por op.actividad yla gestión de la t. y eq.	23.376	54.657	132.214	114.636	32.497	73.481	88.371
-Necesidad tesorería generada por las operaciones de inversión	-371.348	-137.410	-116.325	-116.274	-110.411	-121.202	-223.451
=Disp/Nec. Tesorería gener. por op. actividad, g. y y eq. e inv.	-347.972	-82.753	15.889	-1.638	-77.914	-47.721	-135.080
-Necesidad tesorería generada por las operaciones de financiación	-39.058	-362.820	-499.217	-252.283	-539.804	-424.119	-283.686
=Necesidad tesorería neta total	-387.030	-445.573	-483.328	-253.921	-617.718	-471.840	-418.766
+Disponibilidad tesorería generada por las operaciones de inversión	78.656	122.505	145.697	80.280	58.042	23.288	106.336
+Disponibilidad tesorería generada por las operaciones de financiación	308.514	323.655	336.619	190.659	559.907	448.657	312.358
*Recursos propios	1.834	417	12.553	210	505.885	399.720	15.194
*Pasivo exigible	306.680	323.238	324.066	190.449	54.022	48.937	297.164

Anexo 14. Indicadores de liquidez de empresas medianas

1-MARGEN DE SEGURIDAD FINANCIERO	2008	2009	2010	2011	2012	2013	2014
FONDO DE ROTACIÓN							
Fondo de rotación	193.377	206.094	246.762	269.236	256.935	167.731	128.667
NECESIDADES DE FONDO DE ROTACIÓN							
Necesidades brutas de financiación del circulante	794.594	686.047	698.460	680.727	567.424	529.983	459.735
Necesidades de fondo de rotación de explotación	425.122	344.757	356.132	372.958	281.957	248.666	256.279
Necesidades de fondo de rotación	130.025	131.495	175.270	208.430	210.047	117.069	104.284
Disponible	63.352	74.599	71.492	60.806	46.888	50.662	24.383
Fondo de rotación	193.377	206.094	246.762	269.236	256.935	167.731	128.667
Necesidad bruta de financiación por inversiones a largo plazo	1.143.050	1.108.873	1.216.436	1.201.137	1.063.310	1.057.076	1.054.967
Financiación a largo plazo	1.336.428	1.314.968	1.463.197	1.470.372	1.320.245	1.224.807	1.183.634
POLÍTICAS DE GESTIÓN DEL CIRCULANTE							
Consumo (Coste de ventas)	1.203.686	1.040.974	1.019.389	968.219	887.160	771.087	601.372
Periodo de almacenamiento = (Ex./C.VTAS.)*360	39,79	39,68	38,88	45,11	45,91	44,23	45,85
Variación consumo		-13,5%	-2,1%	-5,0%	-8,4%	-13,1%	-22,0%
Ventas	2.845.446	2.555.030	2.553.018	2.436.510	2.184.996	2.002.660	1.717.095
Periodo de cobro = (CCA/V)*360	85	83	85	84	76	80	81
Variación ventas		-10,2%	-0,1%	-4,6%	-10,3%	-8,3%	-14,3%
Compras		1.022.665	1.014.741	979.458	878.976	752.691	583.212
Periodo de pago = (CCP/C)*360	25	26	28	30	27	26	22
Variación de compras			-0,8%	-3,5%	-10,3%	-14,4%	-22,5%
Tesorería en días de compra 360/(Compras/Tesorería)		26,26	25,36	22,35	19,20	24,23	15,05
Periodo medio maduración	124,79	122,68	123,88	129,11	121,91	124,23	126,85
PMM-P.Pago	99,79	96,68	95,88	99,11	94,91	98,23	104,85
P.Pago/PMM	0,20	0,21	0,23	0,23	0,22	0,21	0,17

2-SOLVENCIA	2008	2009	2010	2011	2012	2013	2014
SOLVENCIA A CORTO PLAZO							
R.Circulante = AC/PC	119,5%	123,6%	127,7%	131,6%	134,5%	121,7%	119,8%
R.Liquidez = R+D/PC	105,1%	109,9%	114,5%	117,0%	119,1%	109,3%	107,9%
R.Disponibilidad = D/PC	6,4%	8,5%	8,0%	7,1%	6,3%	6,6%	3,7%
(PP/PMM)*NBFC	159185,37	145398,16	157873,16	158172,92	125668,70	110916,23	79735,72
CCP	369.472	341.290	342.328	307.769	285.467	281.317	203.456
SOLVENCIA A LARGO PLAZO							
R.Solvencia total = AT/PE	170,3%	173,9%	179,2%	187,3%	192,2%	171,4%	191,1%
Patrimonio contable	962.002	930.214	1.040.583	1.082.737	990.627	832.288	874.222
2/3 Capital social	152262,00	154011,33	154537,33	158948,00	170021,33	168562,00	138298,00

3-LIQUIDEZ	2008	2009	2010	2011	2012	2013	2014
Resultado ejercicio	119.647	11.644	138.831	123.798	25.624	-5.079	41.571
Recursos generados	168.647	82.227	208.400	189.681	136.689	69.430	88.388
Variación diferimientos tesorería operaciones actividad	119.103	-15.802	294	-28.516	12.412	22.548	-53.681
TGO	287.750	66.425	208.694	161.165	149.101	91.978	34.707
TGI	-200.959	-14.130	-95.483	-29.908	-76.947	-29.313	-53.603
TGF	-91.792	-32.237	-109.964	-138.970	-100.140	-58.659	-8.958
Variación tesorería	-9.296	19.386	3.112	-8.939	-27.952	3.262	-28.136
Tesorería inicial	67.769	72.404	70.762	71.855	75.161	47.988	52.520
Tesorería final	53.024	74.144	69.905	60.240	47.158	51.093	24.383
Flujo libre de tesorería (TGO-TGI)	488.709	80.555	304.177	191.073	226.048	121.291	88.310
+/-Tesorería generada por las operaciones	287.750	66.425	208.694	161.165	149.101	91.978	34.707
+/-Variación de tesorería y equivalentes	9.296	-19.386	-3.112	8.939	27.952	-3.262	28.136
=Disp/Nec. Tesorería generada por op.actividad yla gestión de la t. y eq.	297.046	47.039	205.582	170.104	177.053	88.716	62.843
-Necesidad tesorería generada por las operaciones de inversión	-306.776	-130.826	-146.968	-133.027	-128.131	-127.224	-99.758
=Disp/Nec. Tesorería gener. por op. actividad, g. y y eq. e inv.	-9.730	-83.787	58.614	37.077	48.922	-38.508	-36.915
-Necesidad tesorería generada por las operaciones de financiación	-293.772	-212.422	-301.390	-254.099	-262.899	-241.193	-243.170
=Necesidad tesorería neta total	-303.502	-296.209	-242.776	-217.022	-213.977	-279.701	-280.085
+Disponibilidad tesorería generada por las operaciones de inversión	105.817	116.904	51.485	103.119	51.184	97.132	45.403
+Disponibilidad tesorería generada por las operaciones de financiación	188.451	180.530	191.868	114.139	162.759	180.933	240.013
*Recursos propios	65.571	50.287	43.533	49.217	28.025	6.478	157.334
*Pasivo exigible	122.880	130.243	148.335	64.922	134.734	174.455	82.679

Anexo 15. Indicadores de liquidez de empresas pequeñas

1-MARGEN DE SEGURIDAD FINANCIERO	2008	2009	2010	2011	2012	2013	2014
FONDO DE ROTACIÓN							
Fondo de rotación	279.744	178.931	181.733	209.578	211.279	178.597	229.989
NECESIDADES DE FONDO DE ROTACIÓN							
Necesidades brutas de financiación del circulante	570.270	365.234	338.669	311.779	284.581	237.697	184.945
Necesidades de fondo de rotación de explotación	357.328	217.378	190.396	164.871	161.563	140.306	115.903
Necesidades de fondo de rotación	229.486	125.858	148.217	179.076	184.821	151.301	189.600
Disponible	50.258	53.073	33.516	30.502	26.458	27.296	40.389
Fondo de rotación	279.744	178.931	181.733	209.578	211.279	178.597	229.989
Necesidad bruta de financiación por inversiones a largo plazo	396.608	515.461	407.579	352.956	326.429	340.963	167.062
Financiación a largo plazo	676.352	694.392	589.311	562.533	537.709	519.560	397.051
POLÍTICAS DE GESTIÓN DEL CIRCULANTE							
Consumo (Coste de ventas)	375.144	327.463	286.791	286.640	251.934	225.539	191.396
Periodo de almacenamiento = (Ex./C.VTAS.)*360	118,40	135,40	126,24	119,95	127,29	111,59	120,54
Variación consumo		-12,7%	-12,4%	-0,1%	-12,1%	-10,5%	-15,1%
Ventas	748.504	718.318	655.740	641.807	553.441	481.927	409.888
Periodo de cobro = (CCA/V)*360	216	128	136	127	134	130	113
Variación ventas		-4,0%	-8,7%	-2,1%	-13,8%	-12,9%	-14,9%
Compras		327.244	264.197	281.579	245.512	206.369	185.568
Periodo de pago = (CCP/C)*360	51	57	65	58	52	52	43
Variación de compras		-19,3%	6,6%	-12,8%	-15,9%	-10,1%	
Tesorería en días de compra 360/(Compras/Tesorería)		58,39	45,67	39,00	38,80	47,62	78,35
Periodo medio maduración	334,40	263,40	262,24	246,95	261,29	241,59	233,54
PMM-P.Pago	283,40	206,40	197,24	188,95	209,29	189,59	190,54
P.Pago/PMM	0,15	0,22	0,25	0,23	0,20	0,22	0,18

2.-SOLVENCIA	2008	2009	2010	2011	2012	2013	2014
SOLVENCIA A CORTO PLAZO							
R.Circulante = AC/PC	146,7%	134,3%	137,9%	147,2%	150,5%	150,2%	183,2%
R.Liquidez = R+D/PC	125,9%	109,6%	115,4%	125,1%	128,6%	130,0%	159,2%
R.Disponibilidad = D/PC	8,4%	10,2%	7,0%	6,9%	6,3%	7,7%	14,6%
(PP/PMM)*NBFC	86973,42	79037,79	83944,86	73226,78	56634,17	51161,33	34052,77
CCP	212.942	147.856	148.273	146.908	123.018	97.391	69.042
SOLVENCIA A LARGO PLAZO							
R.Solvencia total = AT/PE	191,5%	201,6%	190,1%	199,3%	199,1%	203,6%	215,9%
Patrimonio contable	609.749	612.465	506.402	501.494	475.897	445.501	361.501
2/3 Capital social	64549,33	61667,33	61801,33	62134,67	53560,00	40998,67	24107,33

3.-LIQUIDEZ	2008	2009	2010	2011	2012	2013	2014
Resultado ejercicio	28.179	9.365	32.366	38.333	1.463	-7.605	17.498
Recursos generados	92.879	72.622	77.111	63.553	49.034	31.689	35.244
Variación diferimientos tesorería operaciones actividad	-39.063	100.499	22.244	12.647	-12.899	4.905	13.465
TGO	53.816	173.121	99.355	76.200	36.135	36.594	48.709
TGI	-67.423	-151.040	-38.329	-13.798	-26.920	-20.678	-24.065
TGF	30.297	-15.568	-76.845	-54.074	-11.914	-12.983	-8.390
Variación tesorería	16.772	-1.577	-15.621	8.476	-2.850	2.318	16.219
Tesorería inicial	32.603	58.447	52.573	32.540	34.390	30.937	24.654
Tesorería final	53.933	50.651	37.115	28.554	26.458	32.225	40.389
Flujo libre de tesorería (TGO-TGI)	121.239	324.161	137.684	89.998	63.055	57.272	72.774
+/-Tesorería generada por las operaciones	53.816	173.121	99.355	76.200	36.135	36.594	48.709
+/-Variación de tesorería y equivalentes	-16.772	1.577	15.621	-8.476	2.850	-2.318	-16.219
=Disp/Nec. Tesorería generada por op.actividad y la gestión de la t. y eq.	37.044	174.698	114.976	67.724	38.985	34.276	32.490
-Necesidad tesorería generada por las operaciones de inversión	-99.654	-212.360	-90.614	-64.720	-96.225	-69.076	-90.427
=Disp/Nec. Tesorería gener. por op. actividad, g. y y eq. e inv.	-62.610	-37.662	24.362	3.004	-57.240	-34.800	-57.937
-Necesidad tesorería generada por las operaciones de financiación	-76.898	-121.319	-178.263	-90.171	-62.466	-73.761	-57.555
=Necesidad tesorería neta total	-139.508	-158.981	-153.901	-87.167	-119.706	-108.561	-115.492
+Disponibilidad tesorería generada por las operaciones de inversión	32.230	61.320	52.285	50.923	69.305	48.398	66.362
+Disponibilidad tesorería generada por las operaciones de financiación	111.859	108.508	101.437	36.483	50.710	60.778	49.254
*Recursos propios	10.658	6.274	6.974	9.943	3.383	6.644	14.853
*Pasivo exigible	101.201	102.234	94.463	26.540	47.327	54.134	34.401

Anexo 16. Indicadores de riesgo de empresas grandes

1. RIESGO FINANCIERO	2008	2009	2010	2011	2012	2013	2014
DISPONIBILIDAD/NECESIDAD FINANCIERA							
Capacidad de autofinanciación	119.690	66.904	131.907	150.926	35.901	35.860	8.752
+/- Disp./Nec. Financiera generada por circulante actividad y tª	-96.314	-12.247	307	-36.290	-3.404	37.621	79.619
=+/-D/N F. G. por la actividad y tesorería	23.376	54.657	132.214	114.636	32.497	73.481	88.371
- Necesidad financiera generada por las operaciones de inversión	-371.348	-137.410	-116.325	-116.274	-110.411	-121.202	-223.451
=+/- D/N F.G. por la actividad, tª e inversiones	-347.972	-82.753	15.889	-1.638	-77.914	-47.721	-135.080
- Necesidad financiera generada por las operaciones de financiación	-39.058	-362.820	-499.217	-252.283	-539.804	-424.119	-283.686
= Necesidad financiera neta total	-387.030	-445.573	-483.328	-253.921	-617.718	-471.840	-418.766
+ Disponibilidad financiera generada por las operaciones de inversión	78.656	122.505	145.697	80.280	58.042	23.288	106.336
+ Disponibilidad financiera generada por ls operaciones de financiación	308.514	323.655	336.619	190.659	559.907	448.657	312.358
*Recursos propios	1.834	417	12.553	210	505.885	399.720	15.194
*Pasivo exigible	306.680	323.238	324.066	190.449	54.022	48.937	297.164
EQUILIBRIO FINANCIERO							
Necesidad financiera generada por las operaciones de inversión	371.348	137.410	116.325	116.274	110.411	121.202	223.451
+Necesidad financiera generada por las operaciones de financiación	39.058	362.820	499.217	252.283	539.804	424.119	283.686
-Disponibilidad financiera generada por las operaciones de inversión	-78.656	-122.505	-145.697	-80.280	-58.042	-23.288	-106.336
-Disponibilidad financiera generada por las operaciones de financiación	0	0	0	0	0	0	0
*Recursos propios	-1.834	-417	-12.553	-210	-505.885	-399.720	-15.194
= Nec. Financiera neta a cubrir por capacidad de autofinanciación	329.916	377.308	457.292	288.067	86.288	122.313	385.607
-Capacidad de autofinanciación	-119.690	-66.904	-131.907	-150.926	-35.901	-35.860	-8.752
=Necesidad financiera sin cubrir	210.226	310.404	325.385	137.141	50.387	86.453	376.855
-/+ Disp./Nec. Financiera generada por circulante actividad y tª	96.314	12.247	-307	36.290	3.404	-37.621	-79.619
-Disponibilidad financiera generada por las operaciones de financiación	0	0	0	0	0	0	0
*Pasivo exigible	-306.680	-323.238	-324.066	-190.449	-54.022	-48.937	-297.164

2. AUTONOMÍA FINANCIERA Y CAPACIDAD DE EXPANSIÓN	2008	2009	2010	2011	2012	2013	2014
AUTONOMÍA FINANCIERA A CORTO PLAZO							
Fondo de rotación	-346.723	-468.248	-161.302	-298.572	-232.599	200.099	11.271
Cobertura de existencias (FR/Ex)	-244,6%	-349,4%	-132,1%	-238,4%	-207,2%	231,1%	17,7%
Saldo neto de tesorería (R+D-PC)	-489.212	-602.273	-285.090	-423.806	-344.840	113.496	-52.549
AUTONOMÍA FINANCIERA A LARGO PLAZO							
R. Autonomía financiera = RP/AT	27,6%	27,7%	29,9%	18,2%	20,9%	35,0%	29,0%
R. Composición de los capitales permanentes = PELP/CP	54,1%	49,9%	52,2%	66,6%	57,5%	50,2%	48,4%
R. Endeudamiento = PE/RP	261,7%	260,5%	234,3%	450,6%	378,6%	185,3%	245,3%
Deuda bancaria/Pasivo exigible	18,4%	17,7%	4,7%	3,1%	4,2%	5,4%	6,2%
Deuda bancaria/Recursos propios	48,2%	46,2%	11,1%	14,0%	15,8%	10,0%	15,3%
CAPACIDAD DE EXPANSIÓN							
R. Solvencia total = AT/PE	138,2%	138,4%	142,7%	122,2%	126,4%	154,0%	140,8%
R. Cobertura de intereses = EBITDA/Gastos financieros	1,22	1,46	2,73	2,32	4,17	1,99	-0,67
Pasivo exigible no comercial/EBITDA (años)	14,72	23,91	12,66	12,77	7,16	12,22	-50,79
Posibilidades de cancelación de deuda (TGO/Pasivo exigible no comercial) (%)	1,1%	2,7%	7,3%	6,0%	2,6%	3,7%	8,1%
Posibilidades de cancelación de deuda (Pasivo exigible no comercial/TGO) (Años)	87,42	36,98	13,70	16,62	37,89	27,37	12,35
Posibilidades de cancelación de deuda (RG/Pasivo exigible no comercial) (%)	5,7%	3,1%	6,6%	7,3%	2,2%	2,9%	0,8%
Posibilidades de cancelación de deuda (Pasivo exigible no comercial/RG) (Años)	17,48	32,06	15,14	13,68	44,45	34,12	132,30
+/- Capacidad de autofinanciación (RG)	119.690	66.904	131.907	150.926	35.901	35.860	8.752
- Dividendos	-19.248	-24.395	-42.441	-72.034	-46.378	-38.863	-17.540
=Autofinanciación	100.442	42.509	89.466	78.892	-10.477	-3.003	-8.788
Autofinanciación de mantenimiento	47.250	66.891	93.999	476.383	502.044	90.570	-18.104
Autofinanciación de expansión	53.192	-24.382	-4.533	-397.491	-512.521	-93.573	9.316

3. RIESGO OPERATIVO	2008	2009	2010	2011	2012	2013	2014
MARGEN BRUTO ECONÓMICO							
Ventas	1.306.857	1.620.212	1.658.500	1.582.743	1.427.419	1.345.792	1.115.763
-G.Variables	-967.704	-1.253.710	-1.257.770	-1.191.471	-1.086.024	-1.020.068	-851.411
MBE	339.153	366.502	400.730	391.272	341.395	325.724	264.352
-G.Fijos	-526.401	-521.540	-510.416	-886.735	-778.542	-478.082	-387.963
Beneficio	-187.248	-155.038	-109.686	-495.463	-437.147	-152.358	-123.611
PUNTO DE EQUILIBRIO							
Punto muerto = GF/MBE (%)	2.028.379	2.305.596	2.112.457	3.586.951	3.255.190	1.975.289	1.637.494
Índice de absorción de gastos = VPM/V	155,2%	142,3%	127,4%	226,6%	228,0%	146,8%	146,8%
Índice de margen de seguridad = VMS/V	-55,2%	-42,3%	-27,4%	-126,6%	-128,0%	-46,8%	-46,8%
Índice de seguridad de los gastos fijos = Bº/GF	-35,6%	-29,7%	-21,5%	-55,9%	-56,1%	-31,9%	-31,9%
Índice de seguridad de los gastos variables = Bº/GV	-19,3%	-12,4%	-8,7%	-41,6%	-40,3%	-14,9%	-14,5%
APALANCAMIENTO OPERATIVO							
A0=1+(GF/Bº)	3,81	4,36	5,65	2,79	2,78	4,14	4,14

Anexo 17. Indicadores de riesgo de empresas medianas

1. RIESGO FINANCIERO	2008	2009	2010	2011	2012	2013	2014
DISPONIBILIDAD/NECESIDAD FINANCIERA							
Capacidad de autofinanciación	168.647	82.227	208.400	189.681	136.689	69.430	88.388
+/- Disp./Nec. Financiera generada por circulante actividad y tª	128.399	-35.188	-2.818	-19.577	40.364	19.286	-25.545
=+/-D/N F. G. por la actividad y tesorería	297.046	47.039	205.582	170.104	177.053	88.716	62.843
- Necesidad financiera generada por las operaciones de inversión	-306.776	-130.826	-146.968	-133.027	-128.131	-127.224	-99.758
=+/- D/N F.G. por la actividad, tª e inversiones	-9.730	-83.787	58.614	37.077	48.922	-38.508	-36.915
- Necesidad financiera generada por las operaciones de financiación	-293.772	-212.422	-301.390	-254.099	-262.899	-241.193	-243.170
= Necesidad financiera neta total	-303.502	-296.209	-242.776	-217.022	-213.977	-279.701	-280.085
+Disponibilidad financiera generada por las operaciones de inversión	105.817	116.904	51.485	103.119	51.184	97.132	45.403
+Disponibilidad financiera generada por ls operaciones de financiación	188.451	180.530	191.868	114.139	162.759	180.933	240.013
*Recursos propios	65.571	50.287	43.533	49.217	28.025	6.478	157.334
*Pasivo exigible	122.880	130.243	148.335	64.922	134.734	174.455	82.679
EQUILIBRIO FINANCIERO							
Necesidad financiera generada por las operaciones de inversión	306.776	130.826	146.968	133.027	128.131	127.224	99.758
+Necesidad financiera generada por las operaciones de financiación	293.772	212.422	301.390	254.099	262.899	241.193	243.170
-Disponibilidad financiera generada por las operaciones de inversión	-105.817	-116.904	-51.485	-103.119	-51.184	-97.132	-45.403
-Disponibilidad financiera generada por las operaciones de financiación	0	0	0	0	0	0	0
*Recursos propios	-65.571	-50.287	-43.533	-49.217	-28.025	-6.478	-157.334
= Nec. Financiera neta a cubrir por capacidad de autofinanciación	429.160	176.057	353.340	234.790	311.821	264.807	140.191
-Capacidad de autofinanciación	-168.647	-82.227	-208.400	-189.681	-136.689	-69.430	-88.388
=Necesidad financiera sin cubrir	260.513	93.830	144.940	45.109	175.132	195.377	51.803
-/+ Disp./Nec. Financiera generada por circulante actividad y tª	-128.399	35.188	2.818	19.577	-40.364	-19.286	25.545
-Disponibilidad financiera generada por las operaciones de financiación	0	0	0	0	0	0	0
*Pasivo exigible	-122.880	-130.243	-148.335	-64.922	-134.734	-174.455	-82.679

2. AUTONOMÍA FINANCIERA Y CAPACIDAD DE EXPANSIÓN

	2008	2009	2010	2011	2012	2013	2014
AUTONOMÍA FINANCIERA A CORTO PLAZO							
Fondo de rotación	193.377	206.094	246.762	269.236	256.935	167.731	128.667
Cobertura de existencias (FR/Ex)	145,3%	179,6%	224,2%	221,9%	227,1%	177,0%	168,0%
Saldo neto de tesorería (R+D-PC)	50.646	86.082	129.582	145.211	141.915	71.805	51.150
AUTONOMÍA FINANCIERA A LARGO PLAZO							
R. Autonomía financiera = RP/AT	41,3%	42,5%	44,2%	46,6%	48,0%	41,7%	47,7%
R. Composición de los capitales permanentes = PELP/CP	28,0%	29,3%	28,9%	26,4%	25,0%	32,0%	26,1%
R. Endeudamiento = PE/RP	142,2%	135,3%	126,3%	114,6%	108,5%	140,1%	109,8%
Deuda bancaria/Pasivo exigible	17,6%	16,6%	19,9%	18,5%	14,3%	13,2%	9,8%
Deuda bancaria/Recursos propios	25,0%	22,4%	25,1%	21,1%	15,5%	18,5%	10,8%
CAPACIDAD DE EXPANSIÓN							
R. Solvencia total = AT/PE	170,3%	173,9%	179,2%	187,3%	192,2%	171,4%	191,1%
R. Cobertura de intereses = EBITDA/Gastos financieros	7,21	4,58	10,48	8,26	5,71	3,90	3,87
Pasivo exigible no comercial/EBITDA (años)	5,40	10,36	4,72	5,14	7,21	11,57	7,67
Posibilidades de cancelación de deuda (TGO/Pasivo exigible no comercial) (%)	28,8%	7,2%	21,5%	17,3%	18,9%	10,4%	4,6%
Posibilidad de cancelación de deuda (Pasivo exigible no comercial/TGO) (Años)	3,47	13,80	4,66	5,79	5,29	9,62	21,79
Posibilidades de cancelación de deuda (RG/Pasivo exigible no comercial) (%)	16,9%	9,0%	21,4%	20,3%	17,3%	7,8%	11,7%
Posibilidades de cancelación de deuda (Pasivo exigible no comercial/RG) (Años)	5,92	11,15	4,66	4,92	5,77	12,74	8,56
+/- Capacidad de autofinanciación (RG)	168.647	82.227	208.400	189.681	136.689	69.430	88.388
- Dividendos	-124.079	-77.170	-164.589	-130.745	-170.086	-142.543	-95.427
=Autofinanciación	44.568	5.057	43.811	58.936	-33.397	-73.113	-7.039
Autofinanciación de mantenimiento	75.071	82.073	70.954	78.013	101.563	67.019	43.166
Autofinanciación de expansión	-30.503	-77.016	-27.143	-19.077	-134.960	-140.132	-50.205

3. RIESGO OPERATIVO

	2008	2009	2010	2011	2012	2013	2014
MARGEN BRUTO ECONÓMICO							
Ventas	2.845.446	2.555.030	2.553.018	2.436.510	2.184.996	2.002.660	1.717.095
-G.Variables	-2.221.488	-1.991.386	-1.957.768	-1.868.759	-1.695.294	-1.562.348	-1.280.762
MBE	623.958	563.644	595.250	567.751	489.702	440.312	436.333
-G.Fijos	-709.264	-695.182	-620.403	-618.222	-621.079	-569.487	-509.164
Beneficio	-85.306	-131.538	-25.153	-50.471	-131.377	-129.175	-72.831
PUNTO DE EQUILIBRIO							
Punto muerto = GF/MBE (%)	3.234.468	3.151.299	2.660.899	2.653.107	2.771.186	2.590.183	2.003.706
Índice de absorción de gastos = VPM/V	113,7%	123,3%	104,2%	108,9%	126,8%	129,3%	116,7%
Índice de margen de seguridad = VMS/V	-13,7%	-23,3%	-4,2%	-8,9%	-26,8%	-29,3%	-16,7%
Índice de seguridad de los gastos fijos = Bº/GF	-12,0%	-18,9%	-4,1%	-8,2%	-21,2%	-22,7%	-14,3%
Índice de seguridad de los gastos variables = Bº/GV	-3,8%	-6,6%	-1,3%	-2,7%	-7,7%	-8,3%	-5,7%
APALANCAMIENTO OPERATIVO							
AO=1+(GF/Bº)	9,31	6,29	25,67	13,25	5,73	5,41	7,99

Anexo 18. Indicadores de riesgo de empresas pequeñas

1.- RIESGO FINANCIERO	2008	2009	2010	2011	2012	2013	2014
DISPONIBILIDAD/NECESIDAD FINANCIERA							
Capacidad de autofinanciación	92.879	72.622	77.111	63.553	49.034	31.689	35.244
+/- Disp./Nec. Financiera generada por circulante actividad y tª	-55.835	102.076	37.865	4.171	-10.049	2.587	-2.754
=+/-D/N F. G. por la actividad y tesorería	37.044	174.698	114.976	67.724	38.985	34.276	32.490
- Necesidad financiera generada por las operaciones de inversión	-99.654	-212.360	-90.614	-64.720	-96.225	-69.076	-90.427
=+/- D/N F.G. por la actividad, tª e inversiones	-62.610	-37.662	24.362	3.004	-57.240	-34.800	-57.937
- Necesidad financiera generada por las operaciones de financiación	-76.898	-121.319	-178.263	-90.171	-62.466	-73.761	-57.555
= Necesidad financiera neta total	-139.508	-158.981	-153.901	-87.167	-119.706	-108.561	-115.492
+ Disponibilidad financiera generada por las operaciones de inversión	32.230	61.320	52.285	50.923	69.305	48.398	66.362
+ Disponibilidad financiera generada por ls operaciones de financiación	111.859	108.508	101.437	36.483	50.710	60.778	49.254
*Recursos propios	10.658	6.274	6.974	9.943	3.383	6.644	14.853
*Pasivo exigible	101.201	102.234	94.463	26.540	47.327	54.134	34.401
EQUILIBRIO FINANCIERO							
Necesidad financiera generada por las operaciones de inversión	99.654	212.360	90.614	64.720	96.225	69.076	90.427
+Necesidad financiera generada por las operaciones de financiación	76.898	121.319	178.263	90.171	62.466	73.761	57.555
-Disponibilidad financiera generada por las operaciones de inversión	-32.230	-61.320	-52.285	-50.923	-69.305	-48.398	-66.362
-Disponibilidad financiera generada por las operaciones de financiación	0	0	0	0	0	0	0
*Recursos propios	-10.658	-6.274	-6.974	-9.943	-3.383	-6.644	-14.853
= Nec. Financiera neta a cubrir por capacidad de autofinanciación	133.664	266.085	209.618	94.025	86.003	87.795	66.767
-Capacidad de autofinanciación	-92.879	-72.622	-77.111	-63.553	-49.034	-31.689	-35.244
=Necesidad financiera sin cubrir	40.785	193.463	132.507	30.472	36.969	56.106	31.523
-/+ Disp./Nec. Financiera generada por circulante actividad y tª	55.835	-102.076	-37.865	-4.171	10.049	-2.587	2.754
-Disponibilidad financiera generada por las operaciones de financiación	0	0	0	0	0	0	0
*Pasivo exigible	-101.201	-102.234	-94.463	-26.540	-47.327	-54.134	-34.401

2.- AUTONOMÍA FINANCIERA Y CAPACIDAD DE EXPANSIÓN	2008	2009	2010	2011	2012	2013	2014
AUTONOMÍA FINANCIERA A CORTO PLAZO							
Fondo de rotación	279.744	178.931	181.733	209.578	211.279	178.597	229.989
Cobertura de existencias (FR/Ex)	226,7%	145,3%	180,7%	219,4%	237,2%	255,5%	358,9%
Saldo neto de tesorería (R+D-PC)	155.311	49.788	73.999	111.367	119.885	106.643	163.565
AUTONOMÍA FINANCIERA A LARGO PLAZO							
R. Autonomía financiera = RP/AT	47,8%	50,4%	47,4%	49,8%	49,8%	50,9%	53,7%
R. Composición de los capitales permanentes = PELP/CP	9,8%	11,8%	14,1%	10,9%	11,5%	14,3%	9,0%
R. Endeudamiento = PE/RP	109,3%	98,5%	111,0%	100,7%	100,9%	96,5%	86,3%
Deuda bancaria/Pasivo exigible	22,5%	17,8%	19,3%	14,9%	11,4%	10,4%	10,0%
Deuda bancaria/Recursos propios	24,6%	17,5%	21,4%	15,0%	11,5%	10,0%	8,6%
CAPACIDAD DE EXPANSIÓN							
R. Solvencia total = AT/PE	191,5%	201,6%	190,1%	199,3%	199,1%	203,6%	215,9%
R. Cobertura de intereses = EBITDA/Gastos financieros	6,53	7,06	8,68	8,38	6,67	4,72	7,14
Pasivo exigible no comercial/EBITDA (años)	6,10	6,78	5,49	4,94	6,14	7,23	5,47
Posibilidades de cancelación de deuda (TGO/Pasivo exigible no comercial) (%)	11,9%	38,0%	24,0%	21,3%	10,1%	11,0%	20,1%
Posibilidades de cancelación de deuda (Pasivo exigible no comercial/TGO) (Años)	8,42	2,63	4,17	4,70	9,89	9,08	4,99
Posibilidades de cancelación de deuda (RG/Pasivo exigible no comercial) (%)	20,5%	16,0%	18,6%	17,8%	13,7%	9,5%	14,5%
Posibilidades de cancelación de deuda (Pasivo exigible no comercial/RG) (Años)	4,88	6,27	5,37	5,63	7,29	10,49	6,89
+/- Capacidad de autofinanciación (RG)	92.879	72.622	77.111	63.553	49.034	31.689	35.244
- Dividendos	-44.268	-45.947	-39.809	-29.608	-26.862	-10.119	-10.191
=Autofinanciación	48.611	26.675	37.302	33.945	22.172	21.570	25.053
Autofinanciación de mantenimiento	46.401	51.898	27.996	22.923	37.877	34.059	19.842
Autofinanciación de expansión	2.210	-25.223	9.306	11.022	-15.705	-12.489	5.211

3. RIESGO OPERATIVO	2008	2009	2010	2011	2012	2013	2014
MARGEN BRUTO ECONÓMICO							
Ventas	748.504	718.318	655.740	641.807	553.441	481.927	409.888
-G.Variables	-370.718	-576.077	-511.921	-506.168	-442.276	-390.237	-327.787
MBE	377.786	142.241	143.819	135.639	111.165	91.690	82.101
-G.Fijos	-145.116	-163.649	-130.931	-121.178	-124.720	-110.558	-79.968
Beneficio	232.670	-21.408	12.888	14.461	-13.555	-18.868	2.133
PUNTO DE EQUILIBRIO							
Punto muerto = GF/MBE (%)	287.517	826.429	596.977	573.381	620.925	581.098	399.239
Índice de absorción de gastos = VPM/V	38,4%	115,1%	91,0%	89,3%	112,2%	120,6%	97,4%
Índice de margen de seguridad = VMS/V	61,6%	-15,1%	9,0%	10,7%	-12,2%	-20,6%	2,6%
Índice de seguridad de los gastos fijos = Bº/GF	160,3%	-13,1%	9,8%	11,9%	-10,9%	-17,1%	2,7%
Índice de seguridad de los gastos variables = Bº/GV	62,8%	-3,7%	2,5%	2,9%	-3,1%	-4,8%	0,7%
APALANCAMIENTO OPERATIVO							
AO=1+(GF/Bº)	0,38	8,64	11,16	9,38	10,20	6,86	38,49

9. Bibliografía

Amondarain, J., Caraballo, T., & Zubiaur, G. (2013-2014). Análisis contable y análisis contable superior.

El sector editorial sale del túnel en España, aunque el 40% de la población no lee nunca. (15 de Diciembre de 2015). *ABC*.

Marca España. (2015). Obtenido de http://marcaespana.es/talento-e-innovación/industria-creativa/un-sector-editorial-robusto-e-internacional

Martín, C. (2009). *La industria editorial y el mercado de la información Editores, agregadores, modelos de precio y licencias*.

Martínez, R. (2001). El sector editorial español. *Revistas ICE (Nº792)*, 109-123.

Observatorio de la Lectura y el Libro. (2014). *El sector del libro en España 2012-2014*. Madrid.

PwC. (2015). Obtenido de http://www.pwc.es/es/sala-prensa/notas-prensa/2015/assets/gemo-segmento-prensa.pdf

PwC. (2015). Obtenido de http://www.pwc.es/es/sala-prensa/notas-prensa/2015/assets/gemo-segmento-libros.pdf

Sabi, B. d. (s.f.).

Sánchez, N., & Díaz, Y. Y. (2005). *Acimed*. Obtenido de http://bvs.sld.cu/revistas/aci/vol13_5_05/aci08505.htm

Subdirección General de Estadística y Estudios, S. G. (2014). *Anuario de estadísticas culturales 2014*.